아파트 난방비 75% 절감방법

고영근(예비역 공군소장) 지음

가림출판사

머리말

　정부는 에너지 절약을 위하여 1991년 3월에 "주택건설기준등에 관한규정"을 통해 중앙집중식 난방방식의 공동주택에는 난방열량을 계량하는 열량계와 난방온도를 조절하는 장치를 설치하도록 하였다.

　1996년 성남의 신축 아파트에 입주한 나는 에너지 절약을 위한 정부 시책의 규정에도 불구하고, 열량계 사용을 기피하는 관리사무소장을 만나게 되었다.

　나는 2개월 동안 열량계에 대한 관찰과 조사로 그 작동 상태를 파악한 후 관리사무소장을 만나 1997년 1월부터 열량계를 사용하도록 설득하는데 성공하였다.

　그러나 새로 구성된 입주자 대표회의는 불법적이고 부당한 방법으로 열량계 사용을 중단하는 조치를 의결하고 시행하게 되었다. 그로부터 열량계 사용을 위한 나의 설득노력이 시작되었고, 그러한 설득노력은 4년 이상 계속되었으나 결실을 보지 못하였다.

　4년간의 설득 과정에서 나는 소설에서나 있음직한 여러 가지 사건을 겪게 되었는데 그것을 제1장에 수록하였다.

열량계 사용을 설득하기 위한 각종 자료의 수집 결과 나는 열량계 사용 기피의 원인과 그 해결방법을 더욱 구체적으로 파악하게 되었고 그것을 제2장에 종합하였다.

제3장에서는 나의 개인적 체험을 통해 얻은 평범한 지식을 소개하였는데 그것이 독자의 에너지 절약과 건강의 유지에 조금이라도 도움이 되는 지혜가 될 수 있기를 바라는 바이다.

2001. 4. 24.

저자 고 영 근

차 례

제1장

열량계 사용을 위한 싸움과 설득 4년

차 례

제2장

중앙집중난방 아파트의 열량 적용방법(난방비 50% 절감방법)

차 례

제3장

아파트 난방비 75% 절감 방법

제  장

열량계 사용을 위한 싸움과 설득 4년

관리사무소장과의 싸움과 설득

나는 1996년 9월 24일 성남시에 새로 지은 삼부 아파트에 입주하였다. 입주 후 며칠이 지난 어느날, 아침에 일어나니 방안이 몹시 더워서 불쾌감을 느낄 정도였고, 방바닥은 매우 따뜻하였다. 거실에 온도조절기가 있었으나 사용방법을 몰라 실내온도 조절을 할 수가 없었다. 입주할 때 온도조절기 사용에 관한 설명서를 나누어 주어야 마땅한데 관리사무소장이 그 정도로 업무에 충실하지 못한 것 같았다.

나는 아파트 건축회사인 삼부토건의 하자 담당자에게 전화를 걸어 방이 몹시 더워서 불편한데 온도조절기 사용방법을 몰라 사용을 못하고 있으니 와서 설명을 해달라고 부탁하였다. 얼마 후에 담당 직원이 와서 온도조절기 사용방법과 열량계 위치 등을 설명해 주었다. 이때 나는 난방온수콕을 잠그려고 하여도 해당 방의 설명도가 부착되어 있지 않아 사용이 불가능하니 빠른 시일 내에 설명도를 제작하여 부착해 줄 것을 부탁하였다. 이 설명도는 약 1개월 후에 부착되었다.

원래 아파트 관리사무소장이 그런 점까지 세밀하게 점검을 하여야 하는데 그는 난방관리에 관심이 없는 것 같았다.

10월 20일에 관리비 고지서가 나왔는데 난방비가 평형별로 동일하게 부과되어 있었다.

열량계가 설치되어 있어서 당연히 열량계에 의거하여 산정된 난방비가 부과될 줄 알았는데 그렇지가 않았고 왜 난방비가 평당기준으로 부과되었는지의 설명도 없었다. 한달 후 11월 20일에 관리비 고지서가 나왔을 때도 난방비는 여전히 평당 부과로 되어 있었고 열량계 적용은 왜 안하며 언제부터 할 것인지에 대한 설명도 없었다.

관리사무소장이 열량계에 의거한 난방비 부과를 안 할 생각을 가진 것 같아, 나는 그를 만나 그 이유를 알아보고 열량계의 적용을 설득하여야 하겠다고 생각하였다. 그러기 위하여 나는 그를 설득할 만한 충분한 자료를 확보하여야 할 것으로 생각하였다.

나는 11월 21일 오전에 48평형 30세대, 33평형 30세대, 합계 60세대의 열량계를 검침하여 그 수치를 기록하였고, 오후 3시에 다시 검침하였다. 그리하여 주간에 난방온수를 공급할 때의 각 세대별 열 사용량을 계산하여 기록하였다. 다음날인 22일에 오전 9시와 오후 3시에 다시 검침을 하여 1일간의 세대별 난방열 사용량을 계산하였다. 이 때 60세대 중 미입주자 세대를 제외하고 열량계가 모두 정상적으로 작동함을 확인할 수 있었다.

나는 분당의 한신아파트에서 1992년부터 1995년까지 3년간 거주하였는데 당시의 열량계는 고장이 많고 부정확하였다. 그러므로 나는 삼부 아파트에 입주한 후 설치된 열량계의 정확성 여부의 확인을 위하여 11월 1일부터 아침 6시와 저녁 6시에 실외 온도, 실내 온도, 열량계 지침, 난방열 사용량을 기록하여 왔는데, 11월 20일까지의 기록 분석 결과 열량계가 매우 정확하다는 사실을 확인할 수 있었다.

11월 23일 나는 60세대에 대한 열량계 조사 기록과 20일 간에 걸친 나의 열량계 관측 기록을 가지고 관리사무소장을 찾아갔다.

"삼부아파트에 열량계가 설치되어 있는데 왜 난방비 산정을 열량계에 의하지 않고 평당 부과를 합니까?"라고 이의를 제기하였더니 "열량계가 정확성이 없고 신뢰성이 없어 못 씁니다."라는 관리사무소장의 답변이었다.

"그래요? 내가 20일간 나의 열량계를 관찰하고, 60세대에 대한 열량계 조사를 해 보았더니 모두 정상으로 작동하는 것을 확인했습니다. 관리소장은 무슨 근거로 정확성이 없고 신뢰성이 없다고 주장합니까?"

"지금은 정상작동을 해도 고장이 많습니다. 이미 고장이 난 것 수십대를 교체해 달라고 삼부토건에 요청해 놓고 있습니다. 그리고 열량계는 지역난방인 경우처럼 24시간 난방온수가 공급될 때는 사용가능하지만, 중앙난방인 경우는 보일러 가동을 간헐적으로 하기 때문에 사용이 불가능합니다."

"관리사무소장의 말대로라면 앞으로도 열량계 적용을 안하겠다는 말 같이 들리는데 그것은 아주 잘못된 생각 아닌가요?"

"정부가 열량계 설치를 의무화한 것은 에너지 절약을 위하여서이고, 또한 전기·수도·가스·온수 등 입주자는 자기가 쓴 만큼 관리비를 내는 것이 원칙이고 상식입니다. 그런데 난방비 만큼은 적게 쓰건 많게 쓰건 꼭 같이 부과한다는 것은 원칙과 상식에서 벗어난 일입니다. 그리고 중앙난방식이어서 난방온수가 간헐적으로 공급되기 때문에 불가능하다는 주장은 근거 없는 주장입니다."

"열량계는 각자가 사용한 만큼의 열량을 나타내 주기 때문에, 지역난방이건 중앙난방이건 열량측정과 표시에 아무런 차이가 있을 수 없습니다."

내가 이렇게 말하자 관리사무소장이 화를 내면서 목소리가 높아졌다.

"나는 관리사무소장을 20년간 한 사람입니다. 영감님보다 관리소 운영은 내가 더 잘 압니다. 난방비 부과방법은 내 방식대로 할겁니다."

"뭐! 내방식대로 해?" 반말과 고성이 내 입으로부터 튀어나왔다.

"아파트 주인이 당신이야? 관리사무소장의 직무가 뭐야?"

관리사무소 전체에 고성이 울려퍼지자 관리사무소장이 움찔하면서 말하였다.

"화내지 말고 말해요. 왜 반말입니까?"

"화는 당신이 먼저 냈고, 내 방식대로 하겠다는 말 듣고 화 안낼 사람이 어디 있어! 그래 내 반말한 것은 사과할테니 우리 이치대로 순리대로 한번 따져 봅시다. 어떻게 관리사무소장이 입주자의 의사를 무시하고 마음대로 하겠다는거요?"

그러자 관리사무소장의 표정과 태도가 달라졌다. 분명히 자기가 말실수한 것을 깨달은 것이다. 그리하여 나는 다음과 같이 제의하였다.

"설치된 열량계의 정상 작동을 확인하고, 불량품을 교체하는데 시간이 필요한 것은 인정합니다. 그러니 12월 중에 그러한 조치를 끝내고 1997년 1월부터 열량계 적용을 하도록 합시다."

이 제안에 관리사무소장은 할 수 없이 동의하여 1997년 1월부터 열량계에 의거한 난방비 부과를 하게 되었다.

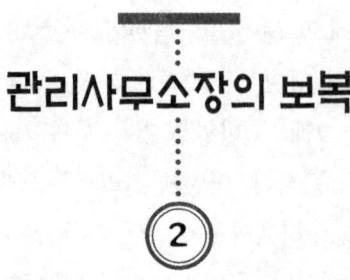

관리사무소장의 보복

아파트 입주자는 공동주택의 관리에 관하여 필요한 사항을 정하고 있는 "공동주택관리령" 제10조에 의거하여 동별 대표자를 선출하고, 선출된 동별 대표자는 입주자 대표회의를 구성하게 되어 있다.

입주자 대표회의는 "공동주택관리령"과 "공동주택관리규약"에 의거하여 아파트 관리에 관한 사항을 의결하고, 관리사무소장은 입주자 대표회의에서 의결한 사항을 집행하게 되어 있다.

1996년 11월에 내가 관리사무소장에게 열량계 적용을 요구하고, 1997년 1월부터 열량계 적용을 하도록 관리사무소장이 동의한 것은 입주 초기가 되어서 입주자 대표회의가 구성되어 있지 않았기 때문이었다.

　1997년 1월 23일에 입주자 대표회의가 구성되자 1월 26일에 입주자 대표회의 회장은 자택에서 첫 입주자 대표회의를 개최하여 그 자리에서 난방비를 평당 부과로 할 것을 의결하였다. 그러나 이 사실을 비밀로 하였기 때문에 나를 비롯하여 대부분의 입주자들은 3월 20일에 2월 분 관리비 고지서를 받고 난 다음에야 난방비가 평당 부과로 변경된 사실을 알게 되었다.

　입주자 대표회의 회장이 난방비 부과방법을 변경한 조치는 공동주택관리령과 공동주택관리규약을 위반한 상식 이하의 행동이었다.

　공동주택관리령 제10조 제8항에 "입주자 대표회의를 소집하고자 할 때에는 소집일 5일 전에 회의의 목적, 일시 및 장소를 입주자에게 개별 통지하거나 공시하여야 한다."로 되어 있고 제9항에는 "입주자 대표회의는 그 회의에서 의결한 사항, 관리비의 부과 내용 및 입주자 등의 건의사항에 대한 조치결과 등 주요업무의 추진사항을 지체없이 입주자 등에게 통지하거나 공시하여야 한다."로 되어 있어 회장은 이 2개 조항을 철저히 위반한 것이었다.

　이렇게 입주자 대표회의가 구성되자마자 회장이 공동주택관리령을 위반하면서 서둘러 난방비 부과방법을 변경한 이유는 무엇이었을까? 그 이유는 관리사무소장의 부추김과 회장의 이익이 부합되었기 때문이라 생각되었다.

　관리사무소장은 나와의 논쟁에서 패하여 할 수 없이 열량계 사용
에 동의하였으나 되도록 빠른 시일 내에 이를 번복하여 나에 대한
보복을 하고 자기의 체면을 살리려하였던 것이다. 그는 그러한 보
복심 뿐 아니라 또 다른 이유를 가지고 있었다.

　중앙난방 아파트의 관리사무소장들 대부분이 열량계 사용을 기피
하는데 그 이유는 열량계를 적용할 때 업무량이 증가하여 귀찮고,
입주자의 민원 발생으로 골치아픈 일이 생기기 때문이다. 업무량이
증가하는 이유는 열량계 검침, 열량계가 고장일 때 고장 수리 의뢰,
수리 확인, 난방비 산정의 추가 업무 등이고, 민원 발생은 난방비
부과액의 세대별 격차에 대한 불만, 열량계의 정확성에 대한 불신
등 이유로 생기게 된다.

　그러나 난방비의 평당 부과는 아파트 전체의 난방비 총액, 즉 보
일러에 사용되는 가스비와 전기료를 합한 것을 아파트의 총 평수로
나눈 평당 난방비를 평형별 평수로 곱하면 되므로 세대별 난방비
산정이 간단하고 민원 발생의 원인이 없으니 관리사무소 측으로서
는 매우 편리한 것이다.

　그렇다고 관리사무소의 편의 때문에 열량계 적용을 못한다고 할
수는 없으므로 다른 이유를 내세워 입주자를 설득하며, 입주자 대
표회의의 구성원인 동 대표들이 열량계와 온도조절기에 대한 지식
이 없으므로 관리사무소장의 주장을 그대로 믿고 열량계 적용을 안
하는 것이다.

삼부아파트 관리사무소장이 1997년 1월에 열량계 적용을 중단하고 평당 부과를 하도록 대표회의 회장과 동 대표들을 설득한 이유는 "열량계의 부정 조작"이라는 것으로 이러한 이유는 다른 아파트에서 찾아볼 수 없는 설득력없는 이유였다.

다른 아파트의 경우는 열량계를 3개월 내지 4개월정도 적용해 보다가 입주자의 불만이 많으면 중단하는데 삼부아파트의 경우는 1개월도 적용해보기 전에 평당 부과를 하도록 설득하려고 하였으니 그 이유로서 "열량계 부정 조작"이라는 구실을 이용하게 된 것이다.

그러한 구실의 제공자는 바로 나였다. 삼부아파트 관리사무소에서는 1997년 1월 난방비 산정을 위하여 1996년 12월 26일과 1997년 1월 25일의 열량계 검침 결과를 가지고 난방열 사용량을 계산한 모양이었다.

그 결과 나의 난방열 사용량은 449kwh, 난방비는 14,970원이었고 대표회의 회장의 난방열 사용량은 5,710kwh, 난방비는 190,430원이라는 결과가 나왔다. 그리고 48평형의 평균 난방비는 119,800원이라는 계산이 나온 것이다.

이러한 난방비 산정 결과를 1997년 1월 25일과 26일에 관리사무소장이 대표회의 회장에게 보고한 모양이었다. 이러한 보고를 받은 회장은 같은 평수에 살면서 자기는 190,000원의 난방비를 내는데 15,000천원 밖에 난방비를 안내는 사람이 있으니 그 이유가 무엇인지를 물었을 것이었다.

이에 대하여 관리사무소장은 열량계를 조작하였을 것이라는 답변을 한 것으로 보인다. 조작의 방법으로는 열량계의 전기 플러그를 빼는 방법과 열량계의 센서를 빼는 방법이 있다고 알려 준 모양이었다. 이 말을 듣고 회장은 내가 열량계 조작을 한 것이 틀림없다고 단정한 것이다.

열량계를 조작하는 방법이 있다는 것을 알았을 때 회장이 할 일은 과연 입주자 중 그러한 부정 조작을 할만한 사람, 즉 난방비가 매우 적게 산정된 세대가 얼마나 있는가를 조사하여야 하는 것이었다. 그리고 그러한 세대에 대하여는 열량계의 고장 여부와 부정조작 여부를 조사하도록 조치하는 것이며 지역난방 아파트에서는 실제 세대별 조사로서 그러한 것을 확인하고 있는 것이다.

부정조작의 확인 방법은 매우 간단하다. 중앙난방에서는 보일러를 가동하는 시간이 정해져있으므로, 그 시간에 의심이 가는 세대의 열량계를 점검하여 열 사용량 수치가 나타나지 않고 공백인 경우는 전기 플러그를 빼놓았거나 열량계 고장이거나 그 중 한 가지이므로 열량계의 전기 플러그 상태만 조사하면 금방 부정조작 여부를 확인할 수 있게 되어있는 것이다.

삼부 아파트 입주자 대표회의 회장은 관리사무소장의 말만 듣고 나의 부정조작이 틀림없다고 단정하여 열량계 사용 대신 평당 부과가 공평하다는 결론을 내리게 된 것이다. 이는 상식이하의 어리석은 판단이며, 이렇게 단세포적 사고의 경솔한 사람이 입주자 대표회의의 회장이 되었다는 것이 삼부아파트 입주자에게는 불행이었지만 관리사무소장에게는 다행이었다. 관리사무소장은 이러한 회장을 이용하여 한 달도 지나기 전에 난방비 부과방법을 변경하게 하고 나에 대한 보복을 할 수 있었던 것이다.

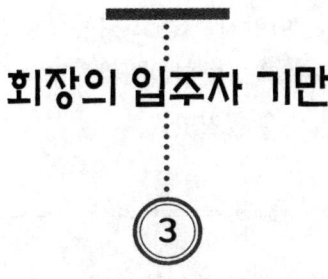

회장의 입주자 기만

19 97년 2월의 통반장 회의에서 입주자 대표회의 회장은 난방비 부과방법을 입주자의 의견조사 결과에 따라 결정하겠다고 발표하였다.

그 이유는 열량계가 조작하기 쉽게 되어 있어 누구라도 쉽게 조작하므로 정직하지 않은 사람은 난방비를 적게 내고 정직한 사람은 난방비를 많이 내게 되어 있기 때문에 평당 부과가 공평하다는 주장이었다. 그리고는 열량계를 조작하는 방법으로 열량계의 전기 플러그를 빼는 방법과 센서를 빼는 방법이 있다는 것과 그 위치를 입주자에게 알려주었고, 반상회때마다 참석하여 열량계 조작 방법을 홍보하기에 이르렀다.

반장으로부터 난방비에 관한 입주자 의견조사 결과 다수결에 따라 결정하게 되었다는 이야기를 듣고 나는 2월 27일 건의서를 작성하여 9명의 동대표에게 직접 전달하였다.

건의의 주요내용은 다음과 같았다.

1. 공동주택에서 계량이 가능한 전기·수도·가스·온수 등은 각자가 사용한 만큼 사용료를 내는 것이 상식이고 원칙이며 난방비도 열량계가 부착된 이상 예외일 수 없습니다.

2. 삼부아파트 공동주택관리규약 제35조 제1항에 "관리비의 산정 방법은 공동주택관리령의 규정에 따른다"로 되어 있고, 관리령의 규정은 "사용자 부담 및 공평부담의 원칙에 따른다"로 되어 있으므로 난방비를 평당으로 부과하는 것은 관리령과 관리규약을 위반하는 행위가 됩니다.

3. 입주자 중 열량계 적용에 불만이 있는 세대는 평당 부과 때보다 난방비가 많이 부과된 세대인데 그 원인은 온도조절기 사용방법을 몰라 난방열 절약을 못한 세대입니다. 이러한 입주자에게 온도조절기 사용방법을 계몽하고 교육하면 그러한 입주자의 불만을 쉽게 해결할 수 있습니다.

한편 입주자의 의견조사 결과 과반수가 열량계 적용을 원하는 것으로 나타났다는 이야기를 반장으로부터 듣고, 나의 건의도 있고 해서 나는 열량계 적용에 변동이 없을 것으로 생각하고 있었다.

나는 입주자를 위한 "난방 안내서 및 난방비 절약방법"이라는 원고를 작성하여 3월 7일 입주자 대표회의 회장과 관리사무소장에게 1부씩 제출하여 입주자에게 인쇄 배포하여 줄 것을 건의하였다. 그러나 그들은 나의 건의에 대하여 아무런 답변 없이 묵살해 버렸다.

입주자의 대부분이 온도조절기 사용방법을 몰라 난방열을 낭비하고 있으므로 이의 시정을 위하여는 반드시 난방 안내서를 입주자에게 배포하여야 하는데, 입주자의 이익을 위하여 봉사하여야 할 회장과 관리사무소장이 이를 외면하였으니 나는 그들의 양식과 양심을 의심하지 않을 수 없었고 답답한 심정을 억누를 수가 없었다.

나는 입주자를 개별적으로 만나 난방 방법을 알려주기로 하였다. 나와 같은 엘리베이터를 이용하는 30세대의 난방열 사용 실태를 알기 위하여 3월 14일과 15일에 열량계의 검침을 하고 1일간의 열사용량을 계산하였다.

그 결과 하루 동안에 100kwh 이상 난방열을 사용하는 세대가 50%인 15세대임을 알게 되었고 우선 이들 세대부터 먼저 계몽하기로 하였다.

나는 3월 15일부터 17일까지 각 가정을 방문하였다. 그들은 한결같이 열량계가 어디 있는 지도 몰랐고 보는 방법도 모르고 있었다. 또한 온도조절기의 사용방법은 붉은 등이 켜질 때 난방이 된다는 것만 알고 그 외의 사용방법은 전혀 모르고 있었다. 나는 온도조절기 사용방법과 난방열 절약방법을 설명하였다.

나의 설명의 효과를 알기 위하여 3월 18일 다시 각 세대의 열량계 수치를 조사하였다. 그 결과 모든 세대의 난방열 사용량이 50% 이하로 감소하였고, 두 세대는 하루 100kwh 이상 사용에서 0kwh로 감소하였는데 그때의 나의 난방열 사용량도 0kwh이었다. 15세대 전체의 1일 난방열 사용량이 1,898kwh에서 770kwh로 60%가 감소된 것이었다.

열량계를 적용하는 것은 에너지 절약으로 난방비를 절감하는데 그 목적이 있으며 그 목적을 달성하려면 제일 먼저 온도조절기의 사용방법을 알고 열량계를 이용한 난방열 절약방법을 알아야 하고, 그것을 입주자에게 알리는 것은 대표회의 회장이 마땅히 해야 할 직무인 것이다.

그런데 그는 에너지 절약의 중요성도 모르고 방법도 모르면서 나의 건의를 무시하고 묵살하였으니, 나로서 할 수 있는 방법은 우선 나의 주위에 있는 입주자에게 개별적으로 알려주는 활동을 계속하는 것이라 생각하였다.

그러나 3월 20일 이후 나의 생각을 실행에 옮길 수 없게 되었다. 3월 20일에 2월분 관리비 고지서를 받고 입주자들은 난방비가 평당으로 부과된 사실을 처음 알게 된 것이다. 회장은 2월의 통반장 회의에서 난방비는 입주자 의사에 따라 결정하겠다고 발표하였고, 의견조사 결과 입주자 과반수가 열량계 사용을 원하는 것으로 나타났는데도 2월부터 평당 부과를 하였으니 그는 입주자를 철저하게 속이고 우롱한 행동을 한 것이었다.

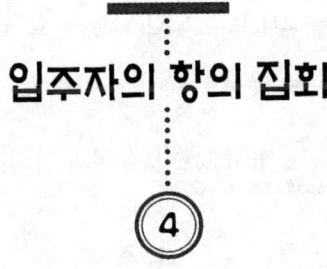

입주자의 항의 집회

④

입주자 대표회의 회장이 입주자의 의사를 무시하고 일방적으로 난방비의 부과방법을 변경하여 평당으로 부과한 사실을 3월 20일에 알게 된 입주자 중 많은 사람들이 대표회의 회장에게 항의를 하게 되었다.

항의가 거세게 되자 회장은 이들을 설득하고 무마하기 위하여 3월 24일 저녁 8시에 노인정에서 입주자 집회를 개최하기에 이르렀고 평당 부과 반대자의 집회 참석을 공고하였다.

그날 100여명의 항의자가 집회 장소에 모인 가운데 대표회의 회장은 "난방비 평형별 공동부과 안내"라는 인쇄물을 배포하고 그 내용을 설명하였다.

그 안내문의 내용을 그대로 적으면 다음과 같다.

난방비 평형별 공동부과 안내

우리 아파트 입주자 대표회의는 지난 1월 부과된 난방비 산출방식에 따른 주민의 불만사항을 충분히 검토하였습니다.

이에 대한 해소방안을 다각도로 논의한 바 잠정적으로 금년 10월까지는 평형별 공동부과안을 채택하였습니다. 그 동안 이에 대한 기술적 운영적 보완점을 충분히 검토하여 우리 아파트 실정에 최적인 방법을 강구하도록 하겠습니다. 이에 입주자 여러분들의 많은 이해와 협조를 부탁드리는 바입니다.

지금까지 불만에 대한 경우의 문제점은 다음과 같습니다.

1. 각 세대마다 설치된 열량계가 초등학교 1년생도 불법 조작할 수 있게 허술합니다.

2. 열량계 자체의 기계적 정밀도 고장을 확인하지 못하여 신뢰도가 떨어지고 있습니다.

3. 같은 평형에서도 구조상 하부 층과 최상부층 및 중간층의 사용량 차이가 나고 있습니다.

4. 난방비는 가스보일러 가동에 사용되는 전체 가스량의 총금액을 세대별 분배방식으로 보일러 가동시간의 운영과 담당 직원의 협조만이 난방비 절약이 이루어 질 수 있습니다.

5. 지역난방에는 24시간 온수가 공급되어 적산열량계의 사

용이 가능하나 우리 아파트와 같은 중앙난방에는 무리가 있어 성남에 있는 중앙공급식인 아파트는 평형별로 부과하고 있는 실정입니다.

6. 시공한 회사에서도 별 방법을 제시하지 못하고 있습니다.

7. 제일 큰 문제점은 이웃 세대간 불신의 소지가 발생되고 있다는 것입니다.

8. 우리 주민의 대다수가 불법조작법을 알고 있어 선량한 주민일수록 많은 난방비를 부담하는 결과를 생각해 보십시오.

9. 시공한 회사에 조속한 기일 내에 고장 및 배관청소를 즉시 실시하도록 조치하였습니다.

1997년 3월

입주자 대표회의 회장

이상 주장에서 1, 2, 5, 6, 7번은 이치에 맞지 않는 횡설수설이다. 1번에서 초등학교 1년생도 불법조작할 수 있다는 말은 불법조작이 쉽다는 표현인 것 같은데 열량계의 전기 플러그는 싱크대 밑의 깊숙한 곳에 위치하여 어른도 손대기 어렵게 되어 있는 것이다. 3번의 표현은 열량계에 대한 무식을, 4번은 보일러 가동에 대한 잘못된 지식, 즉 무식을 나타내고 있다.

대표회의 회장은 항의집회에서 다음과 같은 설명을 추가하였다.

"우리 입주자 중에는 48평형에 살면서 한달 난방비를 15,000원 밖에 안내는 사람이 있습니다. 저는 같은 평수에서 190,000원을 냈는데 이것이 정상적인 방법으로 가능하다고 생각합니까? 이렇게 부당하게 난방비를 적게 내는 사람이 있으니까 정직하게 난방비를 내는 사람은 난방비를 많이 부담하게되며 주민 불만이 생기게 되는 것입니다. 그러니까 부정조작을 못하게 하는 조치가 완료될 때까지 평당 부과를 하고, 작업을 완료하는 10월 이후에 열량계 적용을 하기로 하겠습니다."

회장의 말이 끝나자 내가 일어나서 다음과 같이 말을 하였다.

"나는 지금 회장이 지적한대로 우리 아파트에서 최소의 난방비인 15,000원 밖에 안 낸 사람입니다. 열량계를 부정하게 조작한 대표적인 인물로 나를 지적했는데 그것은 사실과는 전혀 다른 중상모략입니다. 그 증거로 나의 난방방법을 여러분에게 소개하겠습니다.

나는 온도조절기를 22도에 놓고 삽니다. 실내온도 22도가 67세인 나의 건강에 적당하다고 생각하기 때문입니다. 22도에 온도조절기를 맞추어 놓으면 저녁 보일러 가동시에 난방온수가 공급이 안됩니다. 다시 말하여 실내온도가 22도 이상을 유지하므로 온도조절기의 붉은 등이 안 켜지고, 따라서 저녁에 보일러를 가동할 때 난방을 못하게 되는 것입니다.

밤사이에 외부 온도가 떨어지면 방의 온도가 많이 내려갈 것 같아 처음에는 저녁 보일러 가동 때에 1시간 난방을 해보고, 다음은 40

분, 30분으로 난방시간을 줄여보았습니다. 그리하여 나중에는 저녁에 15분, 아침에 15분 씩 하루에 30분 이상 난방을 안하고 지냈습니다.

그렇게 하여도 실내온도는 22도 이하로 내려간 적이 없었고 1월 중 난방열 사용량은 511kwh에 불과했습니다. 그러하니 난방비를 15,000원 밖에 안내는 것이 당연하며 이상할 것이 하나도 없습니다.

여러분은 대부분이 열량계의 붉은 등이 켜지도록 온도조절기를 맞추어 놓습니다. 그 때의 실내온도는 대개 25도 이상인데 여러분은 방바닥이 차가운가 따뜻한가에만 관심이 있지 실내온도에는 관심이 없이 지내고 있습니다.

방바닥을 미지근하게 유지할 때 실내온도는 26도 이상이 되며, 48평형의 경우 하루 난방열 사용량은 100kwh 이상이 되고 한달에는 3,500kwh 이상이 되는 것입니다. 여러분이 3,500kwh의 난방열을 쓸 때 나는 그 7분의 1인 500kwh 밖에 난방열을 안 썼으니 난방비를 여러분 보다 적게 내는 것이 당연한데 나 때문에 여러분이 난방비를 더 내게되고, 난방비 많이 내는 사람이 정직하고 적게 내는 나는 비양심적이라는 회장 주장은 이치에 어긋나는 주장입니다.

입주자 중 약 10%는 온도조절기 사용방법을 몰라 하루 종일 온도조절기의 붉은 등이 켜진 상태로 지내고 있습니다. 그 이유는 온도다이얼을 30도 이상에 놓거나 AUTO와 OPEN의 구분을 몰라 OPEN 위치에 놓고 지내기 때문입니다. 그런 경우 난방온수 파이프의 밸브가 계속 열려 있어 보일러를 가동하는 동안 계속 난방온수가 공급됩니다. 그러니 방이 뜨거워 질 수밖에 없습니다.

온도조절기를 OPEN위치에 놓으면 온도 다이얼의 작동이 안되게 되어 있는데도, 온도 다이얼을 25도에 놓고 온도조절기가 고장이라고 불평하면서 창문을 열고 실내온도를 조절하는 분이 있습니다. 이러한 세대의 난방비가 나보다 10배 이상 나오는 것은 당연하며 그 이유는 자기의 잘못에 있는데, 오히려 열량계가 부정확하여 믿을 수 없으니 평당 부과를 하자고 주장하는 것입니다.

그러나 계속 열량계를 적용하면 난방비가 남보다 많이 부과되어 불평하든 세대도 점차 그 이유를 알게 되고, 온도조절기의 사용방법을 알게되어 모든 세대가 필요한 만큼의 난방만 하게되고 난방비를 절약하고 에너지 절약을 하게되는 것입니다.

회장은 열량계의 부정조작이 많아 열량계 수치를 믿을 수 없어 열량계 적용을 평당부과로 변경하였다는 주장을 하였으나 그것은 이치에 맞지 않습니다. 열량계의 부정조작을 주장하려면 한사람이라도 적발하고 그런 주장을 해야 할 것 아닙니까? 한 사람도 적발하지 못하고 입주자 중 많은 사람이 도둑질하는 것으로 단정하는 것은 올바른 판단이라고 할 수 없습니다.

회장은 열량계를 조작한 사람으로 나를 지목했는데 앞에서 설명한 바와 같이 실내온도 22도를 유지하는데 하루에 30분만 난방을 하면 충분한 내가 무엇 때문에 비양심적인 열량계 조작까지 합니까?

회장이 각 반상회를 돌면서 열량계 부정 조작 방법을 입주자에게 계몽 홍보하였으므로 얼마나 많은 입주자가 실천하는가를 내가 3일

간에 걸쳐 조사해 보았습니다. 그리하여 두 세대를 적발하였는데 그 중 한 세대는 동대표였습니다.

회장이 열량계 부정조작을 방지할 의도가 있다면 한사람이라도 적발하여 그 사실을 공개하면 다음부터 그러한 세대는 생기지 않습니다. 그리고 열량계 부정 조작 세대를 적발하는 것은 간단합니다.

각 세대의 열량계를 점검하여 수치가 안 나타나는 세대는 열량계의 고장이거나 고의로 전기플러그를 빼놓고 있는 세대이므로 실내점검만 하면 조작 여부를 금방 확인할 수 있습니다.

열량계 부정조작의 방지책 또한 간단한데 회장이나 관리사무소장의 도장을 창호지에 찍고 그 종이로 열량계 전기 플러그를 봉인하여 놓으면 됩니다. 이러한 작업은 열량계를 적용하면서도 얼마든지 가능한 것입니다.

이 자리에서 내가 지적하고자 하는 것은 난방비의 평당 부과는 공동주택관리령을 위반하는 행위라는 사실입니다. 회장이 여러분에게 약속한데로 11월이 되어도 열량계 적용을 안 할 경우 나는 법적조치를 강구하여서라도 반드시 열량계 적용을 하도록 노력할 것임을 입주자 여러분에게 약속합니다.” 나의 말이 끝나자 입주자들의 박수소리가 터져 나왔다.

주민 집회가 끝나자 젊은 부인 두 사람이 나에게 다가와서 한 부인이 눈물을 글썽이며 다음과 같이 이야기하였다.

“세상에 이렇게 엉터리짓하는 동대표들이 어디 있습니까? 난방비를 열량계대로 부과하는 것이 상식 아닙니까? 저는 생활비 중에서 가장 크게 절약하 수 있는 부분이 난방비입니다. 1월에 열량계를 적용할 때 저는 난방을 줄여서 겨우 생활비를 수입에 맞출 수가 있었습니다. 그런데 평당 부과를 하면 난방비를 줄이는 방법이 없어지는 것 아니겠어요! 앞으로는 난방을 잔뜩 틀어놓고 살 겁니다.”

나는 이렇게 대답하였다.

“화난다고 필요 이상의 난방을 해서는 안되겠지요. 회장이 11월부터 열량계를 적용하겠다고 약속을 했으니 그 때까지 기다려 봅시다. 그 때 가서 약속을 안 지키면 소송을 해서라도 열량계 적용을 하도록 노력할 것을 내가 다시 약속합니다.”

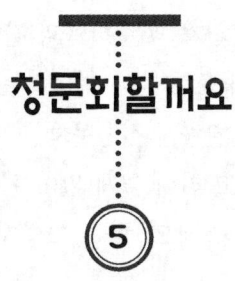

청문회할꺼요

5

1997년 4월부터 10월까지 열량계의 부정 조작 방지를 위한 조치로 열량계의 전원 플러그를 실리콘으로 고정시키고 센서를 고착시키는 작업이 이루어 졌다. 입주자 대표회의 회장이 1997년 3월에 입주자에게 약속한 열량계의 부정조작 방지조치가 완료된 것이다.

1997년 10월 말에 입주자의 한사람으로부터 나에게 전화가 왔다.

"지난 3월에 대표회의 회장이 11월부터 열량계 적용을 하겠다고 약속을 했는데 10월 말이 되어도 공고를 안하니 열량계 적용을 안할 모양이에요. 혹시 뭐 들으신 것 없으세요?"

"나는 아무 것도 들은 것이 없는데요. 회장을 만나서 직접 물어보지 그래요"라고 내가 말하자 그는 다음과 같이 말하였다.

"지난 10월 입주자 대표회의 때 회의하는 것을 참관하였는데 회의 진행이 엉망이에요. 열량계 적용문제를 따졌더니 열량계에 문제가 많아 사용을 못한다고 하니 그게 말이 됩니까? 그러니 영감님이 확실한 것을 좀 알아봐 주세요" 나는 그렇게 하겠다고 그에게 답변하였다.

회장을 만나기 위하여 나는 건의서를 작성하였다. 건의서의 내용은 다음과 같았다.

입주자 대표회의 회장 귀하

공동주택관리규약 제8조 제1항 제6호에 의거하여 입주자 고영근은 입주자 대표회의에 다음 사항을 건의하오니 관리규약 제17조 제5항에 의거하여 처리하여 주시기 바랍니다.

입주자 대표회의 초대회장은 1997년 3월에 '금년 10월까지는 난방비를 평당 부과하고, 그 동안 열량계 부정 조작 방지조치를 완료한 후 열량계를 적용할 것'을 입주자에게 약속한 바가 있습니다. 이미 부정조작 방지 조치의 작업이 완료되었으므로 회장께서는 전임 회장의 약속대로 난방비를 열량계에 의거하여 부과하도록 입주자 대표회의의 의결을 하여 주실 것을 건의합니다."

11월 6일 나는 건의서를 가지고 입주자 대표회의 회장을 찾아갔다. 대표회의 초대회장은 임기 도중 사퇴하고 후임 회장은 감사직을 맡았던 사람이 맡고 있었다.

"지난 3월에 회장이 11월부터 열량계 적용을 하겠다고 약속했는데 아직도 열량계 적용 공고가 없으니 어떻게 된 것입니까?"라고 내가 물었다. 그러자 그는 "열량계는 고장이 많아 사용을 못합니다."라고 잘라 말했다.

"아니 입주자에게 회장이 약속을 해놓고 아무 해명이나 공시도 없이 약속을 어기는 것이 말이 됩니까?" 내가 따지는 조로 말하자 회장이 화를 버럭 내었다.

"당신이 뭔데 따지고 그래요? 열량계의 고장이 120대나 되니까 적용을 못해요!" 이 말에 내가 가만히 있을리가 없었다. 반말과 욕설이 교환되었다. 그러자 그는 "이 문제는 입주자의 청문회를 열어 결정할꺼요"라는 말을 남기고 방에서 나가버렸다.

청문회라는 말을 텔레비전이나 라디오에서 자주 듣다보니 여러 사람의 의견을 듣는 모임을 청문회로 이해한 모양이었다. 이런 사람을 상대하여 내가 대화로서 문제를 해결해 보겠다고 생각한 것 자체가 잘못이라는 생각이 들었다. 그러나 입주자를 위하여 누군가가 나서서 진실을 따지고 옳지 않은 것을 시정하여야 한다고 생각하였다.

나는 관리사무소의 담당직원인 김재철에게 열량계 120대 고장 운운이 무슨 말인가를 물어보았다. 그리고 관련서류를 보여달라고 하였다. 그가 서류를 내놓았는데 서류제목이 "점검 요청 LIST"로 되어 있었다. 그것은 열량계 검침 결과 정상이 아닌 것을 기록하여 애프터 서비스 회사에 고장 여부 점검과 고장 수리를 요구하기 위한 서류였다.

그 내용을 보니 9월 25일 점검 결과 정상이 아닌 것이 52세대, 10월 10일 점검 결과 정상이 아닌 것이 68세대로 합계가 120세대로 되어 있었다. 그 중에는 난방을 전혀 하지 않아 검침 결과가 0으로 되어 있는 것과 평균 수치보다 적게 검침된 것도 포함되어 있었고, 나의 열량계도 그 속에 포함되어 있었다. 나는 담당직원에게 이렇게 말하였다.

"이 점검 요청서를 가지고 열량계 고장이라고 회장에게 보고하면 어떻게 해요? 아주 정상적으로 작동하는 우리 집 열량계도 점검 요청에 들어가 있는데, 난방열 사용량이 0이거나 아주 적은 것은 모두 점검 요청한 것부터 잘못한 것입니다. 10월 초에 난방 안 하는 것은 정상이며 난방을 안 하니 열량계 수치가 0이거나 적게 나타나는 것이 또한 정상이에요. 정상 가동되는 열량계를 고장이라고 보고한 것은 잘못된 것이에요" 그러자 담당직원 김재철은 다음과 같이 대답하였다.

"이것은 제가 회장에게 보고한 것이 아니고 관리사무소장에게 보고한 서류를 소장이 회장에게 보여드린 모양이고, 점검이 필요한 열량계가 120대라고 한 것을 고장이 120대라고 잘 못 알아들은 모양입니다. 서류 제목에 분명히 '점검 요청 LIST'라고 되어 있지 않습니까?"

120대 중에서 "열량계 수치 과소"로 되어 있는 것은 열량계의 고장이 아니고 정상 작동의 열량계였으며 그것을 제외한 고장 가능성의 열량계는 11월 6일 현재 13대에 불과하였다.

열량계의 애프터 서비스를 맡고 있는 "한독 기업"에 전화를 걸어 삼부아파트의 열량계 고장 대수가 몇 대인지 문의하였더니 13대라는 것이었다. 그것을 알면서 왜 수리를 안 하느냐고 하자 그 동안 수리를 위해 방문하였으나 해당 세대가 부재중이라 수리를 못했다는 것이었다. 나는 되도록 빨리 나머지 열량계도 수리해 줄 것을 부탁하였다.

11월 8일 고장 상태의 열량계를 점검하였더니 그 중 3대가 수리되고 10대가 고장으로 남아 있었다. "한독 기업"에 전화를 하여 확인하였더니 10대는 입주자가 집에 없어서 수리를 못하였다는 것이었다.

대표회의 회장은 열량계의 고장이 10대에 불과한데 그것을 120대라고 하면서 열량계 적용을 못하겠다니 참으로 답답한 노릇이었다.

나는 열량계 고장 대수가 10대에 불과하다는 사실의 지적과 함께 열량계 사용을 건의하는 문서를 11월 8일 다시 대표회의 회장에게 제출하였다. 그러나 회장은 잔여 임기인 11월과 12월 중에 아무런 조치도 취하지 않았고, 대부분의 입주자들은 회장이 11월부터 열량계를 적용하겠다고 3월에 약속한 사실을 잊고 있었다. 그리고 그것을 기억하고 있는 사람들도 남이 나서서 해결해 주기만 바랄 뿐 자기가 나서려고 하지 않았다.

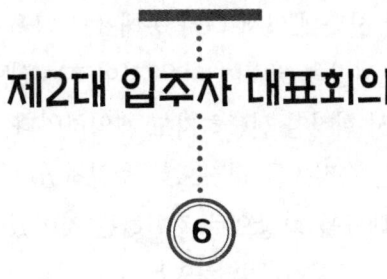

제2대 입주자 대표회의

6

19 97년 1월에 구성된 제1대 입주자 대표회의의 동대표들은 1 년 임기를 12월로 끝내고 물러나게 되었고, 1998년 1월부터 제2대 입주자 대표회의가 구성되게 되었다. 열량계 적용문제가 1997년 12 월에도 해결이 안 되자 나는 제2대 입주자 대표회의에 참여하여 열 량계 문제를 해결해야겠다고 생각하였다.

동대표가 되기를 희망한 나는 경쟁자 없이 입주자의 찬성으로 동 대표가 되었다. 동대표 중 68세인 내가 최고령이었으므로 임시 의 장 직을 맡아 회장과 임원을 선출하여야 할 것으로 생각하여 미리 각 동대표의 연령과 학력 및 경력을 알아본 결과 회장을 할만한 사 람은 55세인 5동 대표 김수정씨라고 생각하였다.

1998년 1월 23일 입주자 대표회의를 열어 연장자인 내가 임시 의장이 되었다. 회장 선출에 앞서 내가 동대표로 나온 것은 순전히 열량계 적용 문제의 해결을 위하여 나온 것이라는 설명을 하고, 나를 제외한 사람 중에서 회장을 선출하자고 제의하였다.

나는 5동 대표 김수정씨를 회장으로 추천하였다. 그러자 동대표 중 한사람이 8동 대표를 회장으로 추천하는 것이었다. 그의 연령은 39세로서 건설업에 종사한다고 하였는데 말씨로 보아 회장으로서 적임자가 아닌 것 같았다. 그러나 회장으로서 두 사람이 추천되었으니 무기명 투표로 결정하기로 하였다.

투표 결과 5동 대표가 5표, 8동 대표가 4표가 나왔다. 그러자 8동 대표가 투표 용지의 확인을 요구하고 나섰다. 투표용지를 확인해 보라고 하였더니 그 중 한 표가 불명확하게 기입되어 무효이니 재투표를 하여야 한다고 우기는 것이었다. 할 수 없이 나는 재투표 여부를 동 대표들 의견에 따라 결정하자고 제의하고, 의견을 묻자 5명이 재투표를 요구하는 것이었다. 재투표 결과 5대 4로 8동 대표가 회장으로 선출되었다. 회장 선출 후 임원 선출로 들어갔는데, 총무 선출에 있어서 2동 대표 이덕영씨를 내가 추천하자 회장은 주부인 7동 대표를 추천하는 것이었다.

투표 결과 회장이 추천한 7동 대표가 총무 이사가 되었다. 이러한 식으로 임원 선출을 하고 보니 가정주부 2명이 각각 총무이사와 행정 감사가 되었고, 39세의 동대표 2명이 각 각 기술이사와 회계감사가 되었다. 이들은 회장 투표 후 재투표를 요구한 사람들로서, 미리 8동 대표를 회장으로 선출할 것을 약속하고 회의에 참여한 것임을 쉽게 짐작할 수 있게 하였다.

임원 선출이 끝나자 회장이 고문 두 분을 모시자는 제의를 하였다. 제1대 입주자 대표회의의 초대회장과 그 후임회장을 고문으로 모시자는 것이었다. 입주자 대표회의에 무슨 고문이 필요한가? 그가 이러한 발언을 한 것은 그가 동대표로 나오고 대표회의 회장이 되는데 두 사람이 결정적 역할을 하였음을 암시하는 것이었다. 회장 뿐 아니라 임원으로 선출된 4명 모두가 전임 회장의 권고로 동대표가 되었다는 것을 짐작할 수 있었고, 전임회장이 제2대 입주자 대표회의에 영향력을 행사할 의도임을 짐작할 수 있었다.

1월 30일에 임시 입주자 대표회의가 개최되게 되어 있어 나는 열량계 적용 문제를 토의 의제에 포함시켜 줄 것을 총무이사에게 부탁하였다. 그러나 1월 30일의 임시 대표회의 의제에 내가 제의한 열량계 문제는 포함되어 있지 않았다.

회의가 끝날 무렵 내가 발언권을 얻어, "1997년 11월부터 열량계를 적용하겠다고 전임 회장이 입주자에게 약속한 사항이 아직도 지켜지지 않았으니 2월부터는 열량계 적용을 하도록 토의 의제에 포함시켜 가결하자"는 주장을 하였다. 그리고 열량계 적용의 장점을 설명하려고 하자 회장이 나의 발언을 제지하였다. 다른 토의사항이 있으니 빨리 말을 끝내라는 것이었다.

내가 설명을 계속 하려하자 회장이 나의 발언을 중단시키고 이야기를 그만 하라는 것이었다. 회장이 이렇게 무례하게 동대표를 대할 수는 없다고 생각하였다.

"당신 아버지 벌되는 나에게 당신 말투가 그게 뭐요?"라고 내가 나무라자 그의 입에서는 반말과 욕설이 튀어 나왔다.

그의 말씨와 태도는 정상인의 것이 아니었고 깡패의 것이었다.

나는 그의 무례함을 참으리 만큼 관대할 수가 없었고, 고성으로 그를 꾸짖었다.

결국 열량계 적용을 설득하려든 나의 목적은 실패하게 된 것이었다.

1998년 2월 27일에 입주자 대표회의 정기회의가 열렸다.

토의 의제에 "난방비 부과 : 적산열량계 사용에 관한 건"이 들어 있었는데 그것은 내가 제의한 안건 제목이 아니었다.

회장은 내가 제의한 안건은 무시하고 안건 내용을 바꾸어 제시한 것이다. 회장은 열량계 적용의 문제점만을 추려서 설명서를 만들도록 관리사무소장에게 지시하여 그것을 동대표의 책상 위에 미리 배포해 놓고 있었다. 그 문제점들은 사실을 왜곡하였거나 과장한 것으로 열량계 적용상의 문제가 안 되는 것이었다.

열량계 안건의 토의에 들어가자 회장은 관리사무소장에게 문제점의 설명을 지시하였다. 소장의 설명이 끝나자 내가 발언권을 얻어 소장 설명중의 오류와 과장을 지적하려 하자 동대표 중 한사람이 나의 발언을 제지하였다. 다른 토의사항이 있으니 이 문제는 그만 토의하고 표결에 부치자는 것이었다.

그러자 회장은 토의는 그만하고 찬반을 거수로 가결하자고 제의하고 "난방비를 평당 부과로 한다"는 것에 찬성하는 사람은 손을 들라고 하자 5명이 손을 들었다.

회장은 "난방비 안건은 5대 3으로 평당 부과를 계속하기로 가결되었습니다."라고 발표하였다.

나는 열량계 적용의 이점과 그 적용방법을 동대표들에게 설득하기 위하여 동대표로까지 나왔는데 제대로 설명할 수 있는 기회마저 못 얻었으니 동대표로 남아 있을 이유가 없었다.

2월 27일 입주자 대표회의에서 집으로 돌아오자 나는 동대표 사퇴서를 작성하였다. 사퇴서 제출은 5동 김수정 대표와 2동 이덕영 대표에게 알린 다음에 제출하기로 하였다.

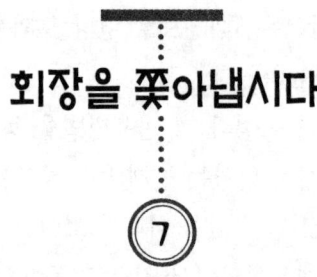

회장을 쫓아냅시다

나는 3월 초에 5동의 김수정 대표에게 전화를 걸어 동대표직을 사퇴하여야겠다고 전하였다.

그러자 그는 다음과 같이 말하였다.

"대표회의 회장을 쫓아내야 합니다. 그냥 두었다가는 아파트에 크게 손해를 끼칠 사람입니다. 관리사무소에 제출한 신상명세서의 학력 난에 목포대학 졸업이라고 되어 있는 것이 거짓이라는 소문이 있어서, 목포대학에 팩스로 문의하였더니 졸업생에 그런 사람이 없다는 확인 회신을 받아 놓았습니다. 학력을 속이고 대표회의 회장이 된 것은 입주자에게 봉사하기 보다 자기 이익을 챙기기 위하여 동대표가 된 증거입니다. 그 동안의 행동과 말씨로 보아 그것이 깡패의 행동이고 언사이지 정상인의 것이 못 됩니다. 이번에 회장 불신임안을 내려고 하니 동대표로 남아서 좀 도와 주셔야 하겠습니다."

그의 간곡한 부탁을 받고 나는 그것을 물리칠 수가 없었다. 그러나 그의 불신임안 제기가 성공할 수 있을지는 의문이었다.

첫째, 아파트의 관리규약에는 임원에 대한 불신임안의 제출과 가결에 대한 조항이 없었다. 동대표란 입주자를 위한 봉사 직책인데 봉사직에 있는 사람을 불신임으로 쫓아낸다는 것은 상식적으로 있을 수 없는 일이라고 생각되었다.

둘째로 삼부 아파트의 동대표가 9명인데, 그 중 5명이 회장과 한 패거리로 뭉쳐있는 판국에 소수파 4명으로는 표결에서 이길 수 없게 되어 있는 것이었다. 이러한 나의 지적에 대하여 5동 대표는 임원 중 한 사람이 회장 행동을 못마땅하게 여겨 불신임안에 동조하기로 하였다는 것이었다.

회장에 대한 불신임안의 이유는 다음과 같이 되어 있었다.

제목 : 자질 문제와 월권 사례

1. 동 대표와 부녀회 간 상견례 때 동대표간의 파벌을 나타내고 위화감 조성.
2. 관리비 납부은행에 상업은행을 포함시킬 때 대표회의 의

결 없이 단독 결정하는 월권행위 자행.

　3. 대표회의 때 자기 의견에 반대하는 사람에 대한 협박 발언, 독선과 월권행위.

　4. 경비원 근무상태 순찰시 "동대표 회장은 사장이다."라는 등 경비원을 무시한 무식한 발언.

　5. 청소업체의 선정의결 후 이를 독단으로 변경하려고 하여 다른 동대표 및 관리사무소장과 알력 발생.

　6. 연장자인 동대표 및 통반장에게 반말과 욕설 자행, 무례하고 저질의 언어사용 및 행동.

　7. 통반장 회의에 사전 통고나 양해 없이 참석하여 물의.

　1998년 3월 27일의 입주자 대표회의에는 전례 없이 많은 입주자가 회의를 방청하기 위하여 모여들었다. 일부는 5동 대표 및 2동 대표의 소수파를 지원하여 회장의 불신임안 가결에 압력을 넣기 위한 입주자들이었다.

　한편 불신임안 제출을 사전에 감지한 회장은 자기편인 부녀회장에게 연락하여 회장을 지원하기 위한 부녀회원과 기타 입주자 등 지원세력을 동원하였다.

　당초의 5동 대표 계획은 회장의 비행 사실을 내가 먼저 발표하고 나면 표결에 들어간다는 것이었다. 그 계획에 따라 내가 목포대학에서 온 팩스 사본을 들고 말을 시작하였다.

　"이것은 목포대학에서 온 팩스인데 회장이 목포대학에 학적을 두

었던 사실이 없음을 밝히고 있습니다. 회장이 목포대학을 나왔건 안 나왔건 회장직 수행에 문제가 되는 것은 아닙니다. 그러나 회장이 학력 난에 목포대학을 나온 것으로 기록하여 입주자를 속인데 문제가 있는 것입니다. 입주자를 속이면서까지 대표회의 회장이 된 목적은 무엇이겠습니까?"

여기까지는 회의장이 조용하였다. 그러나 회장의 자질문제에 대한 언급을 시작하자 회장이 자리에서 일어나면서 나의 발언을 제지하였다. 그러자 방청석에 있던 입주자들이 항의를 하였고, 그 항의에 회장 지지파들이 고함을 쳤다. 급기야 대표회의 회장과 입주자 간에 언쟁, 욕설, 손찌검, 난투극까지 벌어지는 상황이 되었다. 회의장이 아수라장이 되었으니 불신임안의 가결은 결국 실패하게 된 것이었다.

그 후 회장이 5동 대표에게 화해를 청한 모양이었고, 그의 태도도 이전에 비하여 많이 공손하여 졌다.

4월이 된 후에도 나는 5동 대표의 만류로 동 대표 사퇴를 미루고, 회장을 비롯한 임원들을 개별적으로 접촉하여 열량계 적용을 설득하려고 하였다. 그러나 그들은 한결같이 나의 이야기를 들으려고 하지 않았다. 나의 이야기를 듣지 말도록 철저하게 세뇌가 되어 있는 것이었다.

7월에 나는 동대표를 사퇴하였다. 동대표가 되면 동료인 다른 대표와의 인간적 친밀감을 통해 솔직한 대화가 가능할 것으로 나는 생각하여 동대표가 되었는데 그것은 나의 판단착오였다.

　제2대 입주자 대표회의는 회장 선출 때부터 철저하게 다수파와 소수파로 갈라져 있었고 다수파가 소수파를 적대시하는 분위기였는데 나는 소수파에 속해 있었던 것이다. 그러니 다수파에 속한 임원들은 나의 말을 들으려고 하지 않았던 것이다.

　대표회의를 이렇게 만든 원흉은 초대 회장이었다. 그가 좋지 않은 감정을 가지고 적대시한 사람 중의 하나가 나였던 것인데, 열량계 적용 문제 때문에 나와 여러 번 언쟁을 하였기 때문이었다. 또 한 사람이 5동 대표였는데, 초대 회장과 싸워서 명예훼손 소송까지 간 초대 부녀회장의 남편이 5동 대표였기 때문이었다. 나와 5동 대표 두 사람이 제2대 동대표로 나온다니까 그 대항세력으로 친분이 있는 5명을 동대표로 나가도록 설득하여 다수파를 형성하였던 것이었다.

　1998년 8월 초에 나는 관리사무소장에게 연락하여 회장과 총무이사와 함께 점심식사를 같이 하자는 제의를 하였다.

　이유는 내가 동대표로 있으면서 자식벌되는 나이의 회장과 말다툼까지 벌린 것이 어른스럽지 못하였으니 동대표를 그만 둔 마당에 화해 겸 이야기나 나누자는 뜻이라고 말하였다. 그리하여 8월 10일 점심을 같이 하기로 약속하였다.

　약속한 날 내가 관리사무소장실에 갔더니 회장이 먼저 와 있었고 얼마 후 총무이사가 들어왔다.

회장은 나이가 39세, 총무이사는 나이가 44세의 주부였다. 회장과 총무이사가 마주 앉아 이야기를 하더니 두 사람의 목소리가 점점 커지고, 나중에는 다투는 소리가 되었다. 그러자 회장이 벌떡 일어서서 고함을 질렀고, 총무이사도 자리에서 일어나려고 하자, 회장이 손을 올려 총무이사의 가슴을 내려쳤다. 총무이사의 핸드백이 방의 한쪽 구석으로 날라갔다. 회장이 누이 뻘 되는 여자에게 손찌검을 한 것이었다.

두 사람이 다툰 이유는 회의 운영비의 사용문제 때문이었다. 삼부아파트의 월간 회의 운영비는 460,000원으로 되어 있었는데 그 중 300,000원은 회장 판공비로 회장에게 지급되고, 나머지 160,000원은 총무이사가 관장하여 회의 운영에 필요한 경비에 쓰고 있었다. 그런데 회장이 그 160,000원 마저 자기가 쓰겠다고 하여 다툼이 생긴 것이었다.

듣기에 창피한 이야기였다. 회장이라는 사람이 동대표로 나와서 회장이 되고자 한 목적과 의도를 그대로 노출한 사건이었고, 3월에 불신임안을 가결하여 내쫓았어야 할 사람이었다.

회장이 총무이사에게 손찌검을 하고 무사할 수는 없었다. 결국 동대표들의 압력으로 1998년 8월에 회장 직책에서 물러나게 되었다. 그러나 그는 창피를 모르는 철면피였다.

그는 순순히 자기 잘못을 인정하여 물러난 것이 아니라, 다른 동대표들도 동시에 물러나야 한다는 주장을 한 것이었다. 그의 주장이 사리에 맞지 않지만 더 이상 동대표로 봉사할 의욕을 상실한 동대표들이 그의 주장을 수용하기로 하여, 제2대 입주자 대표회의는 임기를 채우지 못하고 1998년 8월에 총 사퇴로 끝을 맺게 되었다.

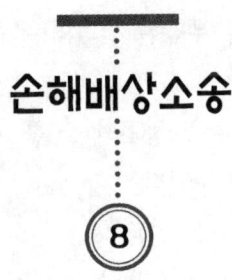

손해배상소송

제2대 입주자 대표회의에 동대표로 참여하여 열량계 적용을 설득하려고 한 나의 생각은 실패로 돌아갔다. 1997년 2월 27일의 입주자 대표회의에서 난방비를 계속하여 평당 부과로 할 것을 토의 과정없이 날치기로 의결해 버린 것이었다.

나는 공동주택관리령을 위반하는 이러한 부당한 의결을 무효화시키는 방법이 있지 않을까 생각해 보았다.

내가 아는 사람 중에는 판사, 검사, 변호사가 아무도 없었다. 공군 법무감 출신으로서 변호사 개업을 한다고 인사 서신이 왔었던 기억이 나서 그 분을 찾아가 보기로 하였다.

서초동에 있는 그의 사무실로 찾아갔더니 매우 바쁜 상태여서 오전 중에 면담을 할 수 없었고, 점심시간을 이용하여 점심을 같이하면서 입주자 대표회의의 부당한 결의의 무효화 방법이 어떤 것이 있는지를 물어보았다.

그는 "대표회의 의결 취소 청구의 소"를 제기할 수 있다는 것과 소장 작성 서식을 가르쳐 주었다.

나는 그가 알려 준 서식에 따라 소장을 작성하였는데, 바쁜 그에게 다시 가서 상담을 요구하는 것이 염치없는 일이라 생각되었다.

궁리 끝에 나는 3월 9일에 법률구조공단 성남 출장소를 찾아갔다.

아파트 입주자 대표회의의 부당한 의결에 대한 법적 조치에 대하여 문의하였으나 법적 해결 방법이 쉽지 않다는 설명이었다. 대신 참고로 하라고 공동주택관리령 중 아파트 관련 부분을 복사하여 주었다.

법률구조공단의 상담 내용이 만족스럽지 못하여 그곳을 나오면서 변호사 간판을 찾아보았더니 근처에 있는 고영준 변호사 사무실이 눈에 띄었다. 그곳으로 들어가 상담을 요청하였더니 다행이 상담에 응해주었다. 그는 내가 작성한 소장의 내용을 설명들은 후 그 내용 가지고는 소송에서 승리할 가능성이 없다고 알려주었으며 상담료는 받지 않았다.

나는 입주자 대표회의의 의결을 무효화하는 법적 조치는 포기하기로 하고, 공동주택관리령과 공동주택관리규약의 내용을 검토해 보았다. 공동주택관리규약 제20조 제3항에 "임원은 그가 맡은 업무를 선량한 관리자의 주의로서 수행하지 아니하므로써 입주자에게 손해를 끼친 경우에는 그 손해를 배상할 책임이 있다."라고 되어 있는 것을 보고, 이 조항을 근거로 초대 회장에 대한 손해배상을 청구하여야 하겠다고 생각하였다.

나는 법무부에서 발간한 "법과 생활"이라는 책자에 의거한 초보적 법률지식으로 소장을 작성하였다. 그리하여 약간의 안면이 있는 전 욱 변호사에게 소송서류로서의 구비조건 검토를 부탁하였다.

손해배상 청구 액이 640,000원 밖에 안 되니 변호사에게 의뢰할 만한 사건이 못될 뿐 아니라 상담에 응해주는 변호사를 찾기 힘들었으므로 소송 서식만이라도 검토해 달라고 부탁하였던 것이다.

1998년 4월 2일에 나는 입주자 대표회의 초대회장과 그 후임회장을 피고로 한 손해배상 청구의 소장을 성남지원에 제출하였다.

소장의 "청구의 취지"는 다음과 같았다.

1. 피고들은 각자 원고에게 각 금 318,350원 및 이에 대한 이 건 소장 송달일 까지는 연 5푼, 그 다음날부터 완제일 까지는 연 2할 5푼의 각 비율에 의한 금원을 지급하라.
2. 소송비용은 피고들의 부담으로 한다.
3. 위 제1항은 가 집행할 수 있다.
라는 판결을 구합니다.

청구의 원인으로는 "피고들이 임원으로서 맡은 업무를 선량한 관리자의 주의로서 수행하지 아니함으로써 입주자에게 손해를 끼쳤으므로 공동주택관리규약 제20조 제3항에 의거 손해의 배상을 청구합니다."라고 쓰고 그 증거로 다음 사항을 기술하였다.

1. 공동주택관리령 제15조 제2항 및 관리규약 제35조 제1항 위반 내용.
2. 공동주택관리규약 제20조 제1항 위반내용.
3. 공동주택관리령 제10조 제13항 위반 내용.
4. 공동주택관리규약 제17조제1항 제6호 위반 내용.

손해배상 청구의 소장을 4월 2일에 성남지원에 제출하였는데, 변론기일이 5월 6일이라는 통보를 받았다.

그날 법원에 갔더니 원고와 피고의 이름을 호명하고, 다음 변론기일이 6월 3일이라는 것을 알려주고 피고의 답변서를 나에게 넘겨주는 것뿐이었다. 그것으로 그날의 재판이 끝났는데 소액 재판은 그렇게 진행되는 것을 처음 알았다.

내가 피고의 답변서를 보니 그 내용이 진실이 아닌 허위의 주장을 하고 있었다. 나는 피고 주장이 허위라는 사실과 그것을 입증하는 근거서증을 첨부한 "준비서면"을 5월 19일 법원에 제출하였다.

6월 3일 두 번째 변론기일에 판사는 6월 17일이 판결 선고일인데 그날은 법원에 출두할 필요가 없다고 알려 주었다.

7월 3일에 법원으로부터 재판결과를 통보 받았다. 나의 예상과는 달리 나의 청구가 기각되어 내가 패소한 것이었다.

법령을 위반한 범법자가 허위의 진술을 한 내용은 인정하고, 허위의 주장을 입증하는 나의 증거제시는 하나도 인정을 안 한 판사의 판결 기준이 무엇인지 궁금하였지만 판결이유를 알려주지 않는 소액 재판에서는 그 이유를 알 수가 없었다. 모 신문의 독자 투고 난에서, 소액재판의 경우 판결의 이유를 소송 당사자에게 알려주지 않는 법원 관례를 개선해야 한다는 주장을 읽은 적이 있는데, 그 주장이 옳다는 것을 새삼 느끼게 되었다.

적반하장

9

19 98년 8월 3일 날짜로 발송된 내용증명 통고서가 나에게 배달되었다. 그 내용을 원문대로 옮기면 다음과 같다.

지난 1997년 2월 귀하는 단지 대표회의에서 의결된 평형별 난방비 부과에 대하여 귀하의 요구가 관철되지 않았다는 이유로 본인의 집으로 항의전화를 하였고 관리비의 납부거부 등 '평당 부과 반대 주민 운동' 이라는 인쇄물을 만들어 아파트 전 주민에게 배포한 사실이 있습니다. 그 내용 중에는 본인이 70,000원을 덜 내기 위하여 평형별 난방비로 바꾸었다는 가당치도 않은 주장을 하고 있습니다. 그렇다면 본인은 197,000원, 최다금액은 240,000원, 귀하는 13,630원이라면 귀하는 어떻게 설명하려는지오.

그런데도 불구하고 귀하는 본인에게 318,350원을 지급하고 완제일까지 연 25%의 비율로 계산한 금액을 지급하라는 민사소송을 제기한 사실이 있지요. 본 소송에서 '원고 패소 판결과 소송비용은 원고 부담으로 한다' 라는 판결이 나왔습니다.

이에 그치지 아니하고 귀하는 허위 사실 유포와 명예훼손 및 열량계로 결정되게 협조하면 소송을 취하하여 주겠다는 공갈 등을 본인에게 하였습니다. 귀하의 나이(67세)에 걸맞은 행동을 해야한다고 본인은 믿고 싶습니다. 귀하가 6동 대표로 나온 것은 귀하의 생각과 대표회의 및 회장, 총무 만드는데 들러리로 나온 것으로 알고 있는데 제가 잘못 알고 있는 것일까요?

그 알량한 두 세 사람 건축 및 난방에 전혀 상식이 없는 자들과 생각이 같다할지라도 대표회의 의결이 5 : 3으로 평형별로 결정되었으면 거기에 순응해야지 않을까요.

위 사실로 인하여 본인은 금전적 정신적 고통을 받고 있습니다. 그러나 본인은 귀하와 같은 아파트의 같은 라인에서 살고 있기에 귀하가 진심으로 잘못을 뉘우치고 사과를 한다면 용서를 고려하려고 생각하였지만 귀하는 지금까지도 뻔뻔스럽게 아무런 사과 등이 없는 바 1998년 8월 10일까지도 아무 조치가 없으면 법대로 처리할 것을 통고합니다.

통고인(제1대 입주자 대표회의, 초대 회장) 강○○

(후임회장) 김○○

입주자 대표회의 초대 회장은 회장으로 재직할 때 부녀회장과 부녀회비 사용문제로 알력이 생겨 부녀회장을 명예훼손으로 고소한 경력이 있는 사람이었다. 나의 사과가 없을 경우 법대로 조치하겠다는 것은 명예훼손으로 고소하겠다는 말이라고 생각되었다.

나는 이 통고서를 받고 상대방이 고소하기를 바랐다. 나를 열량계의 부정 조작자로 간주하여 여러 입주자에게 나를 중상하는 발언을 하였고, 입주자를 속이고, 법령과 관리규약을 위반한 사람이 적반하장으로 나에게 사과를 요구하고, 법적 조치 운운의 통고서를 보내왔으니 고소만 하면 그를 무고죄로 처벌을 받게 할 수 있다고 생각하였다.

그의 주장에서 내가 수긍할 수 있는 타당한 주장은 하나도 없었다. 그의 주장을 9개 항목으로 분류하여 각 항목별로 그의 주장의 허위성을 입증할 수 있는 근거자료의 수집을 시작하였다.

그 첫째 항목은 "97년 2월 단지 대표회의에서 의결된 평형별 난방비 부과에 대하여 귀하 요구가 관철되지 않았다는 이유로 본인의 집으로 항의전화하였다"라는 주장이었다.

위의 주장 중 허위 사실은 두 가지이다. 첫째는 "97년 2월에 평형별 난방비 부과가 의결되었다."는 것과, 둘째는 내가 "항의 전화하였다"는 주장이다.

첫째 주장의 허위를 입증하는 문서는 "동대표 구성 및 계획 추진 사항 설명"라는 제목의 문서로서 1997년 3월에 입주자 대표회의 회장 명의로 인쇄 배포된 것이다.

이 문서에는 "1월 월례회의에서 의결된 안건" 중에 "라. 난방비 부과 방법에 관한 건"이라는 것이 있다. 그리고 97년 3월 7일자 "제3차 입주자 대표 월례회의"의 내용에는 적산 열량계 정상적으로 작동될 때까지 평형별로 부과"라는 기록이 있다. 이 기록으로 보아 평당 부과 의결은 1월 또는 3월에 있었고 2월에는 없었다는 것이 입증되므로 초대회장 주장이 허위라는 것이 명백하여 진다.

이 문서에 있는 두 가지 기록, 즉 평당 부과 의결이 1월에 있었다는 것과 3월에 있었다는 것 중 어느 것이 맞는가하는 의문이 생기는데, 이를 밝히기 위하여 나는 8월 8일 관리사무소에 가서 "대표회의 기록부"의 열람을 요청하였다.

그 기록부에는 "1997년 1월 26일 회의 안건" 중에 "난방비 부과 방법 상정: 문제점이 많으므로 정상화 될 때까지 평수에 의한 일괄 부과 제시, 전원 찬성"이라고 기록되어 있었다. 따라서 평당부과 의결은 1997년 1월 26일에 있었다는 것이 입증되었다.

그리고 3월중 회의는 3월 17일 임시 대표회의, 3월 28일 월례회의의 기록만 있을 뿐, 3월 7일에 회의를 한 기록은 없었다. 그러므로 "동 대표 구성 및 계획 추진 사항 설명"이라는 제목의 문서에 기록한 "97년 3월 7일 제3차 입주자 대표 월례회의"의 내용은 허위로 작성한 것이었다.

그렇다면 1997년 3월에 당시 대표회의 회장 명의로 왜 허위내용을 기재한 문서를 입주자에게 배포하였을까하는 의문이 생기는데 그에 대한 해답은 다음과 같다.

1997년 3월 20일에 2월분 관리비 고지서를 받고 난 다음 입주자들은 난방비가 열량계 부과에서 평당 부과로 변경된 사실을 처음으로 알게 되었다. 이에 입주자의 항의가 거세어지자 입주자 대표회의 회장은 3월 24일 항의 입주자의 집회를 개최하여, 열량계 부정조작 방지 조치를 10월 말까지 완료하고, 그 후에 열량계를 사용하겠다는 약속으로 입주자의 항의를 무마한 바가 있었다.

이 때 나는 삼부 아파트 공동주택관리규약을 들고 나가 동대표들의 관리규약 위반사실을 지적하고, 열량계 적용 약속을 어길 경우 내가 법적 조치를 할 것임을 입주자에게 약속하였던 것이다. 나의 말을 듣고 이 집회에 참석했던 동 대표들이 1997년 1월 26일에 평당 부과를 한 사실이 공동주택관리령과 관리규약 위반이었음을 뒤늦게 깨닫고, 평당 부과의 의결 일자를 3월 7일로 조작하는 문서를 작성하고 그 문서를 입주자에게 배포하였던 것이다.

대표회의 회장은 주민을 속이기 위하여 1997년 3월에 허위 사실을 기재한 문서를 배포하였는데, 1998년 4월에는 법원을 속이기 위하여 허위문서를 작성하고, 손해배상 소송의 답변서의 첨부서류로 이용하였다.

법원에 제출한 허위문서 작성의 경위는 다음과 같다. 내가 1998년 3월에 초대 회장에 대한 손해배상 소송을 준비하면서 1997년 3월 7일의 입주자 대표회의의 회의록 열람을 관리사무소에 가서 요청하였으나 3월 7일 입주자 대표회의 회의기록이 없다는 것이었다.

그 때까지만 해도 나는 1997년 3월에 입주자에게 배포한 문서에 의거 평당부과의 의결일자가 3월 7일인 줄로 알고 있었다. 그러므로 회의 기록이 없다는 사실을 가지고 손해배상 소송의 "청구의 원인"에서 "회의록을 작성하지 않은 것은 공동주택관리령 제10조 제13항 위반이며, 이것 또한 선량한 관리자의 주의로 업무를 수행하지 않은 근거"라는 주장을 하였던 것이다.

이러한 나의 주장을 부정하는 입증문서로 피고인 초대 회장은 "3회 월례 회의록"이라는 회의록 사본을 증거문서로 법원에 제출하였는데 이는 위조된 문서로서 3월 7일에는 회의를 한 기록 자체가 관리사무소에 없으니 그 사본이 있을 수 없고 위조라는 사실이 분명한 것이었다.

문서를 조작하여 입주자를 기만하고, 문서를 위조하여 법원에 제출하고, 법령을 위반한 범법자가 나에게 통고서를 보내고 사죄를 하라니 이것이야말로 적반하장이 아닐 수 없었다.

초대 회장의 두 번째 주장인 "내가 항의 전화하였다"는 것도 허위인데, 당시 입주자 모두는 난방비가 평당 부과로 된 사실을 3월 20일에야 알았으므로 2월에 항의전화를 하였다는 것이 거짓말이라는 것은 자명하다. 또한 나는 2월 27일에 각 동 대표에게 건의서를 배포하였고 그 사본을 가지고 있는데, 내가 하고자 한 이야기는 전화로 항의할 내용이 아니었다.

이상과 같이 통고서의 그의 주장 9개 항목이 터무니없는 왜곡과 날조로 이루어 졌다는 것을 입증하는 17개의 증거문서를 수집하여 그가 고소하기를 나는 고대하였다. 그러나 그는 고소를 하지 않았다.

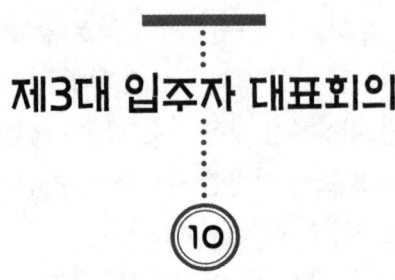

제3대 입주자 대표회의

1998년 8월에 제2대 입주자 대표회의 회장이 총무이사를 손찌검한 사건으로 인하여 회장직에서 물러나게 되자, 그는 자기뿐 아니라 동대표 전원이 물러나야 한다는 억지 주장을 하였다. 그의 인간성을 잘 알게 된 동대표들은 그와의 더 이상의 언쟁을 피하기 위하여 일괄 사퇴하기로 결정하였다. 그리하여 제2대 입주자 대표회의는 임기를 못 채우고 도중에 물러났고 9월부터 제3대 입주자 대표회의가 구성되게 되었다.

제3대입주자 대표회의가 구성되자 나는 9월 7일에 다음과 같은 건의서를 제출하였다.

제3대 입주자 대표회의의 구성과 발족을 축하합니다.

공동주택관리규약 제8조 제1항 제6호에 의거하여, 주민 생계비중 큰 비중을 차지하는 난방비의 75% 절감안을 제출합니다.

입주자 대표와 관리사무소장의 적극적 협조만 있으면 반드시 성공할 것으로 믿으며 입주자 전체에게 커다란 이익이 될 것입니다. 관리규약 제17조 제5항에 따른 조치가 있기를 건의합니다.

열량계를 적용할 때 난방비를 75% 절감할 수 있다는 주장의 근거는 다음과 같습니다.

1. 한빛 아파트(3,144세대) 평균 30% 절감
   (1994년 32,82%, 1995년 27,24%)
2. 삼부 아파트(106동 15세대) 60% 절감
   (1997년 3월 교육전 1,878kwh , 교육후 770kwh)
3. 건의자의 난방열 사용 실례
   (1997년 11월 – 1998년 4월 : 6개월간 228kwh)

입주자의 건의가 있을 때 입주자 대표회의는 회의를 열어 그 내용을 검토하고 조치결과를 지체없이 입주자에게 통지하거나 공시하도록 공동주택관리령에 규정되어 있으므로, 입주자 대표회의에서 나의 건의를 검토할 때는 나를 불러 건의 내용의 설명을 요구할 것으로 나는 기대하였다.

그러한 기회가 생기면 내가 수집한 자료를 제시하여 동 대표들을 설득할 수 있을 것으로 생각하였던 것이었다.

그러려면 나의 건의안이 입주자 대표회의의 안건으로 상정하여 검토하는 조치가 필요하였다.

나는 9월 14일 입주자 대표회의 총무이사를 만나 난방비의 평당 부과의 부당성과 불법성을 설명하고, 열량계 적용의 이점과 아울러 난방비를 75%까지 절약할 수 있는 근거를 설명하였다. 그리고 입주자 대표회의에서 좀 더 자세하게 검토할 수 있는 기회를 마련하도록 부탁하였다.

그 후 10일이 지나도 나의 건의안을 대표회의 안건으로 토의한다는 연락이 없었다.

9월 25일에 나는 대표회의 감사를 만나 총무이사에 대하여 설명한 것과 마찬가지의 설명을 하였다. 그러나 그는 총무이사와는 달리 나의 설명을 건성으로 들을 뿐 관심 있게 들으려고 하지 않았다. 그리고 입주자 대표회의에서의 검토 자체를 반대하는 것이었다.

그의 태도로 보아 나의 건의에 대한 처리방법을 입주자 대표회의에서 이미 상의하여 아주 묵살해 버리는 쪽으로 결론을 내린 모양이었다.

이러한 업무처리는 공동주택관리령을 위반하는 것일 뿐 아니라 동 대표들의 양식을 의심스럽게 하는 행동이었다.

나는 9월 26일 토요일 아침에 제3대 입주자 대표회의 회장 댁으로 전화를 걸어 면담을 요청하였다. 그러자 그는 "만날 시간도 없고, 필요도 없으니 용건이 있으면 문서로 제출해요"라는 퉁명스럽고 짜증 섞인 목소리로 대답하고는 전화를 일방적으로 끊어 버리는 것이었다.

세상에 이렇게 무례한 사람을 나는 처음 보았다. 그는 내가 어떤 사람이라는 것을 알고 있었고 만나자는 목적도 알고 있었다. 그러나 우리는 서로 대화를 나눈 적도 없었고, 서로 개인적인 감정을 가질만한 아무런 이해관계가 없는 사람 사이였다.

입주자의 이해가 걸린 사항에 관하여 면담을 요청하는데 대하여 원수를 대하는 태도로 나오는 사람의 심정을 나는 이해할 수가 없었다. 제2대 회장과 같은 부류에 속하는 인물이라는 생각이 들었다.

나는 화가 머리끝까지 치솟는 것을 참으며 그의 아파트를 찾아갔다. 벨을 누르자 그의 부인이 나타났다. "회장을 잠깐만 만나고 싶으니 말을 전해달라"고 하자, 안으로 들어가더니 얼마 후 현관문이 닫힌 채로 "지금 바빠서 못 만나요"라는 부인 말이 들려왔다.

나는 현관 밖에서 기다리기로 하였다. 약 30분 후에 출근 채비를 하고 회장이 나타났다. 내가 그를 기다렸다는 사실을 알고서도 그는 미안하다는 말 한마디 없었다. 오히려 내가 "바쁜 아침시간에 전화해서 미안해요. 오늘 좀 만나서 이야기 좀 합시다."라고 말을 걸었다.

그는 아무 말 없이 엘리베이터를 타고 내려가서 주차장으로 향하였다. 내가 계속 따라가자 "오후 3시경에 관리사무소 회의실에서 만나요"라는 말만 하고 차 속으로 들어갔다.

그 날 오후 약속한 장소에서 내가 한시간을 기다려도 그는 나타나지 않았다.

9월 26일의 회장의 태도와 행동은 그 무례함과 교만의 정도가 제 2대 회장보다도 더하면 더하였지 덜하지 않았다. 어떻게 이러한 사람들이 입주자를 위한 봉사직에 나서는지 나는 이해할 수가 없었다.

제3대 회장은 아예 나의 건의를 묵살하였을 뿐만 아니라 나에게 인격적 모욕을 가하기로 마음먹은 모양이었다. 따라서 제3대 입주자 대표회의의 동대표들에게 열량계 적용을 설득하는 것은 불가능하다는 결론을 얻었다.

설득이 안되면 싸우는 방법 밖에 없었다. 포기할 수는 없다고 나는 생각하였다. 그런데 초대회장을 상대로 한 손해배상 소송에서 내가 진 마당에 꼭 같은 방법을 쓸 수는 없었다.

나는 법률구조공단을 다시 찾아가서 법률 상담을 요구하였다. 그 곳에서는 민사조정을 신청해 보라고 일러주었다.

나는 1998년 10월 15일 내용증명으로 통고서를 대표회의 임원 5명에게 발송하여 난방비를 열량계에 의거하여 부과하도록 건의하고, 건의가 받아 드려지지 않을 경우 법적 조치를 취할 것임을 통보하였다.

1998년 11월 5일자로 작성된 대표회의 회장 회신이 내용증명으로 송달되었는데, 그 내용은 다음과 같은 문제점 때문에 열량계 적용을 못 한다는 것이었다.

1. 각 세대별 설치된 열량계가 초등학교 1학생 불법조작할 수 있도록 되어 있다.

2. 유사조건, 같은 평형의 세대간 열사용량 편차가 심하여 열량계 자체의 기계적 정밀도를 신뢰할 수 없다.

3. 열량계의 문제점 때문에 대부분의 성남지역 중앙난방 방식의 다른 아파트 단지도 열량계를 적용하여 난방비를 부과하지 않고 평형 균일 부과하고 있다.

4. 제일 큰 문제점은 우리 주민 대다수가 열량계를 불법으로 조작하는 방법을 알고 있고, 세대간 열 사용량의 편차가 심하여 이웃 주민 간의 불신이 발생하고 있어 단지 평화가 깨어질 수 있다.

위의 네 가지 문제점은 1997년 3월에 난방비의 평당 부과를 반대하는 입주자의 항의 집회에서 초대 회장이 주장하였던 내용을 그대로 복사한 것이었다.

이 책의 "제1장 4. 입주자의 항의 집회"에 수록한 '난방비 평형별 공동부과 안내' 문의 제1항, 제2항, 제5항, 제7항 및 제8항의 문장을 고대로 복사한 것임을 확인할 수 있는 것이다.

초대회장은 1997년 3월에 이러한 문제점의 시정을 위하여 잠정적으로 평당 부과를 한다고 입주자를 설득하였고, 1997년 10월까지 부정조작 방지조치를 완료하겠다고 입주자에게 약속을 하였으며, 실제로 그러한 작업을 10월 말까지 완료한 상태인 것이었다. 그것은 각 세대의 열량계 전기 플러그의 상태를 점검하면 누구든지 금방 확인할 수 있는 것이었다.

그런데 제3대 입주자 대표회의 회장과 관리사무소장이 진실과 다른 허위의 주장을 하고 있으니 참으로 어이없는 일이라 아니할 수 없었다.

나는 그들이 진실을 파악하 수 없을 정도로 무식하고 어리석은 것인지, 진실을 알고도 버젓이 거짓말을 할 정도로 교활한 것인지 분간이 안 되었다. 그러나 한가지 분명한 것은 초대 회장이 그들과의 친분을 이용하여 열량계에 관한 잘못된 지식을 전달하고, 나에 대한 중상을 계속하여, 나의 건의를 철저하게 무시하도록 계속 영향력을 행사하고 있다는 사실이었다.

민사조정과 소송

공 동주택관리령을 위반하면서 아파트 관리를 제멋대로 하고,
열량계 적용을 기피하여 정부시책을 거역하는 동대표들의 부당하
고 불법적인 행위를 묵인할 수는 없다고 나는 생각하였다. 그러나
나와의 대화 자체를 거부하는 그들에게 내가 할 수 있는 일은 법적
조치 밖에 없었다. 그리하여 1999년 2월 20일에 나는 성남지원에,
대표회의 임원 5명에 대한 "조정신청서"를 제출하였다.

조정신청에 따를 법원의 조정기일은 1999년 4월 26일에 있었다.
이날 담당 판사는 피신청인인 임원들이 나의 건의 내용을 청취하는
기회를 마련하여 대화로서 문제해결을 하도록 지시하고, 그것이 안
될 경우 5월 24일 2차 조정을 할 것이라고 언명하였다.

판사 지시에 따라 4월 24일의 입주자대표회의에 나의 참석을 요구하는 통보가 왔다. 그러나 이 통보는 대표회의 회장과 동대표들이 법과 관리규약을 무시해 온 평소의 사고방식을 그대로 나타낸 것이었다. 왜냐 하면 담당 판사의 지시 사항을 성실히 수행하려면 별도의 회의 소집을 하여 신청인인 나의 건의 내용을 성의 있게 청취할 시간적 배려가 있어야 마땅하였기 때문이었다.

실제로 조정안건 토의에서 대표회의 회장은 나에게 건의 내용을 설명할 기회와 시간을 허용하지 않았다. 이것은 담당 판사의 지시를 전적으로 무시한 행동이었고, 공동주택관리규약 제8조 제1항 제6호의 입주자의 권리를 박탈하는 부당한 행동이었다.

1999년 5월 18일에 나는 법원에 "준비서면"을 제출하고, 대표회의 임원들의 "답변서"의 내용이 근거 없는 주장임을 입증하는 증거서증을 첨부하였다.

5월 24일 제2차 조정일에 담당 판사는 나와, 동대표 임원의 대리인으로 나온 관리사무소장에게 합의 성립 여부를 물었다.

관리사무소장은 열량계 적용을 하여야 한다는 원칙에는 동의하나 현실적으로 문제가 많아 적용하지 못한다고 말하고 그 이유를 설명하였다.

이미 나는 그가 주장하는 이유가 진실이 아니고 허위의 주장이라는 것을 "준비서면"에서 자세히 밝힌 바 있지만 담당 판사는 그 내용을 전혀 모르고 있었다. 담당 판사는 내가 제출한 "준비서면"을 읽어보지 않은 것이 분명하였다.

내가 관리사무소장의 주장의 허위성을 설명하려 하자 그는 나의 설명을 들으려고 하지 않고 나의 발언을 제지하는 것이었다. 관리사무소 장의 일방적인 이야기만 듣고 그는 "조정을 하지 않는 결정"을 한다고 선고하였다.

그는 객관적인 자료나 증거에 의하여 조정을 하려 한 것이 아니라, 아파트 관리에 관한 한 관리사무소장이 더 많은 지식과 경험이 있다는 선입감을 가지고, 입주자인 나의 주장이 잘못된 주장이라는 주관적인 판단으로 조정을 한 것이었다. 그러한 선입감 때문에 나의 말은 아예 들으려고도 하지 않은 것이었다.

원래 나는 조정 담당 판사가 직권으로 "조정에 갈음하는 결정"을 내려 열량계 적용을 지시하여 줄 것을 기대하였다.

왜냐 하면 나는 피신청인인 입주자 대표회의 임원의 주장이 사실에 근거하지 않은 왜곡된 주장과 허위의 주장임을 입증하는 충분한 자료를 제출하였기 때문이었다. 그러므로 내가 제출한 자료에 대한 보충 질문이 있을 것으로 기대하였다.

그러나 담당 판사가 나에게 물어 보는 질문 내용은 내가 제출한 증거자료는 전혀 보지 않고 하는 질문이었다.

"그 질문의 답변은 이미 준비서면에서 자세하게 설명하지 않았습니까?"라고 항의조의 답변이 나의 입에서 나올 정도로, 조정 사건 자체에 대한 아무런 사전 지식 없이 조정업무에 임하고 있었던 것이다. 나는 담당 판사의 무성의에 화가 났지만 그 분노를 나타낼 수 있는 입장에 있지 않았다.

법무부에서 발간한 "법과 생활"이라는 책자에는 "민사조정의 장점"에 다음 내용이 적혀 있었다.

○ 자유로운 분위기의 조정실에서 당사자는 자기가 하고 싶은 말을 충분히 할 수 있고 비공개로 진행할 수 있으므로 비밀유지가 가능하다.

○ 사회 각계의 전문가가 조정요원으로 참여하므로써 그들의 경험과 전문적 지식이 분쟁해결에 큰 도움을 준다.

나는 조정 신청을 할 때 법무부 발간 책자대로 조정을 하여주는 것으로 알았다. 그런데 실제는 그것이 아니었다.

당사자가 하고 싶은 말을 "충분히"는 고사하고 "전혀" 허용하지 않았다. 그리고 신청인인 내가 써낸 준비서면은 담당 판사가 "전혀" 읽지도 않은 것이었다. 담당 판사가 "조정을 하지 않는 결정"을 내리는 것은 그의 권한이지만 그 결정을 내리는 과정의 무성의와 무책임성이 적나라하게 나타나는 것을 보고 나는 분개하기보다 슬픈 감정과 함께 허탈감을 느꼈다.

나는 담당 판사의 무성의는 어디에 원인이 있는지를 생각해 보았다. 그 원인은 내가 신청한 사건의 액수가 소액이라는 것과, 변호사에 의뢰한 사건이 아니라는 점이라고 짐작이 되었다.

그 날 담당 판사가 취급한 사건 건수는 150건이 넘었고, 한 건당 소요 시간은 3분 내지 5분에 불과하였다. 그런데 나의 사건처리에 소요된 시간을 20분이 넘었으니 시간상으로 충분한 배려를 한 셈이었다. 다만, 그 20분 동안 조정 신청인의 주장은 들어주지 않고 일방적 이야기만 듣고 결정을 내린 데에 나의 불만이 있는 것이었다.

나의 신청 사건이 일반적 소액사건과 그 성격이 다른 이상, 사전에 그 내용을 충분히 파악을 하던가, 사건 처리에 충분한 시간배정이 되도록 그날 처리 사건의 제일 마지막에 넣는다던가 하는 배려를 하여주는 것이 옳다고 나는 생각하였다.

어쨌든 민사조정을 통하여 열량계 적용 문제를 해결하려고 한 나의 기도는 실패로 돌아갔고, "조정을 하지 아니 하는 결정"으로 인하여 이 사건은 소송사건으로 넘어가게 되었다.

1999년 6월 초에 법원으로부터 "손해배상사건"에 대한 최초의 변론기일이 6월 16일로 정해졌다는 통보를 받았다. 그날 법원에 출두하자 담당 판사는 여름철에 병원에 입원 치료를 받게 되어 있어 다음 변론기일이 늦어질 것이라고 말하였다.

2000년 1월 초에 변론기일이 1월 19일이라는 통보를 법원에서 받았다. 그 후 변론기일이 3월 8일과 3월 21일에 있었고 이때마다 준비서면이나 답변서를 받는 것으로 재판 과정이 진행되었다. 4월 12일이 재판의 선고 일이었는데 5월 6일 법원으로부터 판결문을 받았다. 그 내용은 다음과 같았다.

1. 원고의 피고에 대한 청구를 모두 기각한다.
2. 소송비용은 원고의 부담으로 한다.

제4대 입주자 대표회의

99년 9월에 입주자 대표회의 동대표들이 교체되게 되어 있었음으로, 나는 8월에 제3대 입주자 대표회의 임원 5명에게 "소송 사건 해결을 위한 제의"라는 서신을 보냈다.

그 내용은 동대표를 물러나기 전에 열량계 적용을 공시하면 나는 즉시 소송을 취하할 것이며, 동 대표로서의 봉사를 마치고 물러나는 분들도 문제를 순리대로 해결하여 홀가분한 기분으로 임기를 마치게 될 것이라는 점을 지적한 것이었다. 이때 만 하더라도 손해배상 사건에서 내가 반드시 이길 것으로 나는 생각하고 있었다. 그러나 그들은 나의 제의를 묵살한 가운데 동대표직을 떠났다.

9월에 제4대 입주자 대표회의 동대표들이 선출되었다. 나는 열량계 적용 문제를 새로운 동 대표에게 설득하는데 있어 초대 회장과 관리사무소장 보다 선수를 써야 한다고 생각하였다. 그 동안 초대 회장과 관리사무소장이 새로 선출되는 회장과 동대표들을 세뇌하여, 열량계는 아주 사용 불가능한 것이며 그 사용을 주장하는 나는 허튼 소리하는 노인임으로, 말을 들어 볼 필요도 없다는 설득이 성공을 거두어 왔기 때문이었다.

각 동대표의 선출명단이 공고되자, 9월 말에 나는 각 동대표에게 다음과 같은 서신을 직접 전달하였다.

제4대 동대표 취임을 진심으로 축하합니다. 가능하면 빠른 시일 내에 입주자 대표회의에서 난방비 75% 절감방안을 설명할 수 있는 기회를 마련하여 주실 것을 건의합니다. 절감방안의 주요 내용은 아래와 같고, 자세한 내용과 증거자료는 설명할 때에 제시하겠습니다.

난방비 절감을 위하여는 다음의 네 가지 조건이 충족되어야 합니다.

첫째, 열량계에 의거하여 난방비를 부과한다 : 입주자는 자기가 사용한 만큼 난방비를 부담하므로 낭비를 안하고 절약하게 되므로 난방비가 대폭 감소하게 되는데 그 실례는 다음과 같습니다.

1. 지역난방 : 1998년 12월, 13개 아파트를 조사한 결과 열량계 적용 아파트는 평당 부과 아파트보다 54% 난방비를 적

게 부담하고 있었습니다.

　2. 중앙난방 : 대전의 한빛 아파트는 열량계 적용 첫해인 1994년에 32,82%, 1995년에 27, 24% 절감으로 평균 30%를 절감하였습니다.

　그리고 수원의 선경 아파트는 평당부과 아파트보다 평당 23% 적게 난방비를 부담하고 있었습니다.

　둘째, 온도조절기 사용법의 교육과 홍보를 한다 : 대부분의 아파트 입주자가 온도조절기의 올바른 사용법을 모르고 있습니다. 그러므로 난방 안내서를 배포하고, 난방에 필요한 3가지 기본지식과 5가지 난방 방법을 교육 또는 홍보하여야 합니다.

　실례로 1997년 3월에 본인이 106동 주민 중 15세대에 대하여 온도조절기 사용법을 설명한 후 각 세대의 난방 열 사용량을 조사하였던 바 15세대가 모두 50% 이상 사용량이 감소되어 전체 난방 열 사용량은 60%가 감소되었습니다.

　셋째, 본인의 난방 방법을 홍보한다 : 1997년 1월에 열량계를 적용하였을 때, 48평형의 평균 난방비는 113,500원, 최고 난방비는 229,150원이었고, 저의 난방비는 14,970원에 불과하였습니다. 저의 난방방법을 알고 참고로 하면 많은 사람이 난방비를 절약하는데 도움이 될 수 있습니다.

　넷째, 관리사무소의 협조가 필요하다 : 중앙난방은 보일러를 이용하기 때문에, 보일러 가동을 입주자의 난방열 절약에 맞추어 적절하게 하여야 합니다. 약간의 기술적 설명이 필요하므로 자세한 내용은 설명시에 하도록 하겠습니다."

제4대 입주자 대표회의의 회장과 임원의 명단이 10월 초에 공고 되었다. 그런데 회장은 제3대 입주자 대표회의 때의 이사로서 손해 배상 사건의 피고로 되어 있는 사람이 선출된 것이었다.

열량계 적용을 위한 나의 설득 노력이 제3대 입주자 대표회의 때 에 실패한 것과 마찬가지로, 제4대 입주자 대표회의에서도 힘들 것 이라는 예감이 들었다. 제4대 입주자 대표회의의 동대표들도 초대 회장의 영향력이 미치는 사람들로 구성되었을 것으로 짐작이 되었 다.

1999년 10월 8일 제4대 회장에게 면담을 요청하였던 바 제3대 회 장이 나와의 면담을 거부한 것과는 달리 그는 나를 만나주었다. 나 는 열량계 적용을 위한 3년간의 나의 노력을 설명하고, 입주자 전체 의 이익을 위하여 열량계를 적용하도록 요구하였다.

그는 원칙적으로 나의 주장에 동의한다고 하면서도 현실적인 문 제 때문에 열량계 적용을 못 한다는 것이었다. 그런데 그 문제점이 라는 것이 초대회장이 주장했던 열량계 조작 가능성이라는 것이었 다.

각 세대마다 열량계의 전기 플러그를 실리콘으로 고정하는 작업 을 3년 전에 완료한 상태이니, 그 상태를 확인하자고 제의해도 응하 지 않으면서 꼭 같은 주장을 앵무새 같이 반복하는 것을 보면 정상 적인 판단력이 있는 사람인지 의심이 갔고, 누구인가의 꼭두각시 노릇을 하고있는 것이 아닌가하는 의심이 가는 것이었다.

또한 입주자 대표회의에서 동대표들에게 난방비 75% 절감 방안 에 대한 설명을 하는 기회를 요구하자 그것도 거부하는 것이었다.

열량계에 관한 한 초대 회장에서부터 제4대 회장에 이르기까지 꼭 같이 불합리한 구실로 그 적용을 반대하는 방법의 유사성에 나는 놀라는 한편, 초대 회장의 악의에 찬 모략과 중상이 계속되는 것으로 짐작이 갔다.

제4대 입주자 대표회의의 동대표들을 설득하는 것이 불가능하다고 판단한 나는 더 이상의 설득 노력을 포기하기로 마음먹었다.

나머지 방법은 법원에 제기해 놓은 손해배상소송에서 이기는 방법밖에 없다고 생각하였다. 그러나 그 결과는 1999년의 겨울을 보낸 다음 2000년 봄에나 알게 될 것이며 그 때 내가 이긴다는 보장도 없으므로 나는 다른 방법을 강구하여야 한다는 생각을 하였다.

산업자원부 에너지관리과에 대한 건의

⑬

SH 로 구성된 제4대 입주자 대표회의 회장과 1999년 10월 초에 면담한 결과, 열량계 적용에 대한 그의 완강한 반대로 다가오는 겨울에도 열량계 적용이 불가능하다는 것을 알게 되었다. 그러나 나는 다른 방법을 써서라도 열량계 적용을 하도록 힘써 보아야 한다고 다짐하였다.

내가 참고자료로 가지고 있던 "한국 아파트 신문"에는 커다란 활자로 "난방비 평당 부과 않도록"이라는 제목으로 다음과 같은 기사가 실려 있었다.

지난 달 16일 건교부 주택관리과에서는 '공동주택단지에서 난방비를 평당 부과하는 것은 사용자들이 적게 쓰나 많이 쓰나 평수에 따라 똑같이 부과됨에 따라 에너지의 낭비가 심하다는 지적이 있다며 열량계에 의한 난방비를 산정하는 방안을 협조해 줄 것'을 당부하였다.

이상과 같은 기사로 보아 성남시청의 해당기관에서도 열량계 사용에 관심이 있을 것 같았고, 그곳에 가서 도움을 요청하면 도움을 받을 것 같았다. 그리하여 1999년 10월 11일 성남시청 주택과로 찾아갔다.

주택과 담당자를 만나 열량계 적용을 위하여 그 동안 3년을 내가 노력한 과정을 설명하였다.

초대 회장이 공동주택관리령과 공동주택관리규약을 위반하여 난방비 부과방법을 열량계 적용에서 평당부과로 불법적으로 변경한 사실과, 1997년 열량계 사용 때 내가 입주자에 대한 온도조절기 사용법 설명 후 난방열 사용이 60% 절감된 사실 등을 설명하고, 입주자 대표회의 회장과 관리사무소장의 잘못된 인식으로 열량계 적용을 반대하여, 에너지 절약을 위한 정부시책에 역행할 뿐 아니라 입주자 모두에게 손해를 끼치고 있으니 시정조치를 해달라는 건의를 하였다.

주택과 담당자는 나의 건의에 대하여, 열량계 적용을 강제로 지시할 권한이 주택과에 없으며, 열량계 설치는 에너지 절약을 위한 조치임으로 그 담당 부서는 산업자원부 에너지관리과라는 것이었다. 그러니 그곳에 도움을 청해보라는 것이었다.

열량계 적용 문제가 건교부 주택관리과의 소관 사항이라면 지방 행정부서에서는 마땅히 시청의 주택과가 담당 부서일텐데 담당자가 자기 소관업무가 아니라고 하니 정부조직법과 행정부서의 직능을 잘 모르는 나로서는 그대로 믿을 수밖에 없었다. 주택과에서 도움을 못 주겠다니 산업자원부 에너지관리과에 도움을 요청하기로 하였다.

산업자원부 에너지관리과의 도움을 받기 위하여 나는 다음과 같은 건의서를 작성하였다.

제목 : 열량계 사용기피 현상의 해결방안 및 난방비 절감방안 건의

정부는 에너지 절약을 위하여 1991년 3월 "주택건설기준 등에 관한 규정"을 통해 중앙집중난방 방식의 모든 세대에 열량계와 온도조절기를 설치하도록 하였으나 많은 아파트가 열량계 사용을 외면하고 있습니다(근거자료 부첨1). 이에 대하여 정부(건교부 주택관리과)는 열량계 사용을 당부하고 있을 뿐입니다(근거자료 부첨2).

문제가 많아 사용을 못하고 있는 실정을 모르고 그러한 당부를 한다면 직무태만이고, 문제를 알고도 그러한 당부를 한

다면 무책임한 일이라고 생각합니다.

  그 이유는 열량계를 사용하는 아파트에서도 난방비의 심한 격차(4,000원에서 200,000원까지)로 주민 항의가 빈번하고, 열량계와 온도조절기의 고장이 잦다는 신문보도를 담당 실무자가 모를리 없기 때문입니다(증거자료 부첨3).

  해결이 비교적 간단한 이러한 문제가 아직도 해결 안 되고 있는 이유는 이 문제가 정부의 업무분담에서 책임 한계가 모호한 분야에 속하는 문제 때문인 것 같습니다. 그러나 열량계 설치 목적이 에너지 절약이고, 실제로 절약은 열량계의 올바른 사용으로서만 이루어 질 수 있으므로 에너지관리과에 이 건의서를 제출하는 것이며, 내용은 열량계 사용을 합리적으로 설득할 수 있는 구체적 방법과 난방비를 75% 절감할 수 있는 방안에 관한 것입니다.

  이상이 서론이고 건의의 내용으로는 "1. 열량계 사용기피의 원인과 해결방안, 2. 난방비 75% 절감방안, 3. 건의사항"으로 구성하였다. 그리고 건의사항의 마지막 구절은 다음과 같았다.

  열량계를 사용하기만 하면 본인 건의의 타당성을 입증할 수 있으니 열량계 사용의 계기를 에너지관리과에서 만들어 주시기 바라며, 성남 삼부 아파트에 열량계 사용을 하도록 권고하여 주시기 바랍니다.

나는 건의서를 가지고 1999년 10월 18일 정부 종합청사에 있는 산업자원부 에너지관리과로 찾아갔다. 담당자 오경찬씨를 만나 건의서의 취지를 설명하였다. 그러자 그는 나의 요구를 흔쾌히 승낙하면서 다음과 같이 말하였다.

"열량계 사용에 관한 법규정이 1998년 12월 31일로 개정되어, 열량계 설치에도 불구하고 사용을 안 할 때에는 대통령령 위반으로 500만원 이하의 과태료를 부과하게 되었습니다. 그러니까 이 사실을 입주자 대표회의에 통보하고, 열량계 사용의 이점을 설명하는 기회를 만들도록 지시하면 민원인의 목적이 달성되리라 생각합니다."

나는 그의 말에 매우 고무되었고, 열량계 문제가 드디어 해결될 수 있을 것으로 생각하여 기쁜 마음으로 정부청사를 나왔다.

1999년 10월 25일 산업자원부 에너지관리과에서는 삼부 아파트 관리사무소장에게 다음과 같은 공문을 발송하였다.

1. 정부에서는 합리적인 소비유도를 통한 에너지 절약 촉진을 위해 주택건설촉진법 제31조 및 주택건설기준등에관한규정 제37조 제3항의 규정에 의하여 중앙난방 공동주택에 대하여 난방열량기등의 설치를 의무화하였으며

2. 난방비 산정은 공동주택관리령 제15조 제1항 제6호의 규정에 의하여 난방 열량계에 의하도록 하고, 이를 위반시 주택

건설촉진법 제52조의3 제1항 제3호의 규정에 의하여 500만원 이하의 과태료 부과가 가능하도록 규정함으로써 민간부문의 에너지 절약 촉진을 도모하고 있습니다.

　3. 한편 우리 부는 귀 아파트 단지에 거주하고 있는 고영근 씨가 우리 부에 제출한 건의 내용을 검토한 바, 동인이 열량계 사용과 관련한 정부시책의 취지 및 사용방법 등을 잘 알고 있으며 열량계 사용 확산을 위해서는 설명회를 통한 주민 안내가 필수적이고 바람직한 것으로 판단됩니다.

　4. 이에 귀 아파트 관리사무소장께서는 위 고영근씨로 하여금 열량계의 올바른 사용을 위한 설명회가 개최될 수 있도록 하여 주시어 주민의 에너지 절약 참여 확산을 통한 국가 에너지 절약을 기할 수 있도록 협조하여 주시기 바랍니다. 끝

산업자원부 장관

　이상과 같은 정부기관의 공문을 받고도 아파트 관리사무소장과 입주자 대표회의 회장은 아무런 조치를 취하지 않고 묵살하는 태도를 보였는데, 이에 대하여 나는 다시 한번 놀라지 않을 수 없었다. 그들이 양식이 없는 것인지 무식한 것인지 분간이 안 되었는데, 아마 둘 다 해당되는 것 같았다.

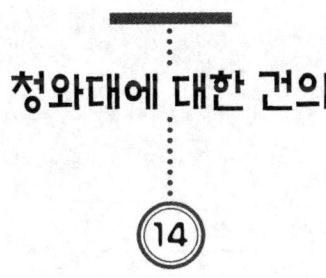

청와대에 대한 건의

나는 1999년 10월 18일 산업자원부 에너지관리과 오경천씨를 만나서 열량계 사용을 의무화하도록 법 조항이 변경되었다는 이야기를 듣고서야 3년 전에 내가 법적 조치를 청와대에 건의한 사실을 상기하였다.

당시 대통령 비서실장의 회신을 받고서도 의례적인 답장으로만 생각하고 실제 나의 건의가 법제화되리라는 기대는 하지 않고 있었다. 그러나 1998년 12월 31일자로 열량계 사용의 의무화 조치가 이루어진 것인데 법규정의 내용은 다음과 같다.

공동주택관리령 제15조 제1항 제6호 : 난방비(주택건설기준
등에관한규정 제37조의 규정에 의하여 난방 열량계 등이 설치된 공
동주택의 경우에는 난방 열량계 등의 계량에 의하여 산정한 난방비
를 말한다)

1997년 4월 1일에 내가 청와대에 제출한 건의서의 내용은 다음과
같다.

존경하는 대통령 각하

에너지 절약을 위한 정부의 적극적 대처를 건의합니다.

신문에는 연일 경제위기 상황과 무역적자 증가에 대한 우려
의 기사가 실리고 있습니다. 이러한 가운데 정부가 해야할 거
시적 정책의 수립과 시행이 물론 중요하겠지만 미시적 실천방
안과 국민적 참여를 도모하는 일 역시 중요하다고 생각합니다.

에너지의 대부분을 외국에서 수입하여 쓰고 있는 우리의 실
정에 비추어 볼 때 우리국민의 난방 에너지 낭비는 한심한 지
경이라 생각합니다.

한국의 아파트의 대부분이 간헐식 중앙난방 방식이며 이러한
아파트의 대부분이 동봉한 신문의 기사처럼 열량계 사용을 외
면하고, 평수에 따라 적게 쓰건 많이 쓰건 일률적 난방비 부과
를 하고 있으며 주민은 난방비 절약에 전혀 관심이 없습니다.

추운 겨울에도 대부분의 아파트에서는 여름옷이나 런닝 빤쯔 바람으로 지내는 것을 당연한 것으로 여기고 있습니다. 겨울철에 난방을 하면서 여름옷으로 지내는 국민이 세계에 또 어디에 있겠습니까? 산업부문에서 우리가 많은 에너지를 낭비하는 원인은 바로 가정에서의 에너지 낭비벽의 연장이라고 생각합니다.

정부에서 할 일은 신축 아파트에 열량계 설치를 의무화하는 것으로 끝낼 것이 아니라 설치한 열량계의 사용이 제대로 이루어지고 있는지를 확인하는 일까지 다해야 할 것으로 생각합니다.

동봉한 신문기사처럼 많은 아파트 단지에서 관리사무소장들이 열량계 적용을 기피하고 있어 우리 국민의 에너지 낭비를 부추기고 있는 실정입니다. 많은 사람들이 열량계 자체의 정확성과 신뢰성에 문제가 있다고 생각하고 있으나 사실은 열량계와 함께 설치된 온도조절기의 사용방법을 입주자 들이 제대로 알지 못하는데 문제가 있는 것입니다.

정부차원에서 전국에 걸쳐 아파트의 열량계 사용실태와 문제점을 파악하여 그 문제점을 해결하여주는 조치와 아울러 열량계가 설치된 아파트는 반드시 사용하게 하는 의무화 조치를 조속히 취해 주실 것을 건의합니다.

그렇게 할 때 우리국민의 에너지 절약노력은 습성화될 것이며, 수입 에너지 중 아파트에서 쓰는 난방용 에너지는 30% 이상 절약될 것이 확실합니다.

에너지 절약에 대한 정부의 관심과 열량계 적용 의무화 조치가 얼마나 절실한가를 실례를 들어 말씀 드리겠습니다.

저는 작년 9월에 성남의 신축 아파트에 입주하였습니다. 2개월에 걸친 관리사무소장과의 담판과 설득 끝에 입주 3개월 만인 1월에 열량계를 적용하게 되었습니다. 그런데 2월에 입주자 대표회의가 구성되자 곧 열량계에 의한 난방비 부과방법이 평당 부과 방법으로 환원이 되었습니다. 관리사무소장이 여러 가지 이유를 들어 대표회의 회장을 설득하였고 ,회장은 평균 이상으로 난방열을 많이 쓰는 사람으로서 평당 부과가 자기에게 유리한 것으로 판단하여 공동주택관리령과 공동주택관리규약을 위반하면서 평당부과를 입주자 대표회의에서 의결하였습니다. 입주자의 과반수가 열량계에 의한 난방비 부과를 원하는 상황에서 이러한 일이 생긴 것은 열량계 적용에 아무런 강제성이 없기 때문이라 생각합니다.

1991년 3월에 정부 규정에 의하여 공동주택에 열량계 설치를 의무화한 것은 에너지 절약을 위한 적절한 조치였습니다.

이제 6년이 지난 지금 그 시행의 성과, 즉 실천의 정도를 정부에서 전국적으로 조사하여 문제점이 있다면 하루 속히 그 문제점을 해결하여주고, 몰상식하고 무식한 일부 국민에 의하여 건전한 정부시책의 시행이 방해되지 않도록 열량계 사용의 의무화를 규정하는 법적 조치를 건의합니다.

1997년 4월 1일

예비역 공군소장 고영근 올림

나의 건의에 대하여 다음과 같은 대통령 비서실장 명의의 회신이
왔다.

"생명과 희망이 생동하는 새봄을 맞아 귀하와 댁내에 항상
큰 기쁨과 보람이 함께 하기를 기원합니다.

귀중한 생각을 담아 보내주신 편지를 받고 대통령께서는 큰
힘을 얻었습니다. 나라의 장래에 대한 뜨거운 충정을 가진 귀
하와 같은 분들이 있는 한 우리의 미래는 밝습니다. 참으로 마
음 든든하게 생각하여 깊이 감사드립니다.

정부는 귀하의 말씀 하나하나를 국정운영의 밑거름으로 삼
을 것입니다. 정책적 지원이나 제도적 개선이 필요한 사안에
대해서는 관계부처에서 적극 검토하여 필요한 조치들을 취해
나가도록 하겠습니다. 국가경쟁력을 강화하여 경제를 회복하
고 국가안보태세를 튼튼히 하여 나라의 안전을 위협하는 어떠
한 도전에 대서도 단호히 대처해 나갈 것입니다.

우리가 당면한 여러 가지 어려움을 극복해 나가기 위해서는
정부의 노력과 하께 국민 모두가 나라의 미래를 열어 가는 주
체가 되어야 합니다. 모두가 힘을 하나로 모을 때, 우리는 오
늘의 어려움을 새로운 도약의 기회로 바꾸어 나갈 수 있을 것
입니다.

귀하께서 보내주신 값진 말씀은 건강하고 경쟁력 있는 사회
를 만들어 나가는 데 귀중한 자양분이 될 것입니다. 앞으로도
언제든지 의견을 보내 주십시오.

귀하의 격의 없는 제안과 비판을 겸허히 받아들여 국정운영
의 귀중한 자산으로 삼겠습니다.
　　다시 한번 귀하와 댁내에 건강과 행운이 가득하기를 기원합
니다.

1997년 4월 25일

대통령 비서실장　김용태

성남시 주택과에 대한 건의

(15)

산업자원부 장관 명의로 된 공문을 받고도 열량계 사용에 관한 설명회 개최에 대하여 대표회의 회장으로부터 아무런 통보를 못받은 나는 10월 30일에 "난방비 75% 절감방안에 대한 설명회"개최를 요구하는 문서를 대표회의 회장에게 발송하였다. 그러나 그는 묵묵부답으로 나의 요구를 묵살하는 태도를 보였다. 이것은 평당부과를 계속하여 공동주택관리령을 위반하겠다는 의지의 표시라고 나는 생각하였다.

열량계 사용을 의무화한 법령개정이 이루어진 마당에 그것을 용납할 수는 없고, 법령 위반자에 대하여는 강제적 수단을 써서라도 법령을 준수하게 하는 것이 필요하다고 생각한 나는 성남시청 주택과에 건의서를 제출하기로 하였다. 그리하여 건의서를 다음과 같이 작성하였다.

성남시 소재 삼부 아파트는 1997년 1월에 열량계를 적용하던 것을 정당한 이유 없이, 불법적인 방법으로 평당 부과로 변경한 후 본인의 11차례에 걸친 열량계 적용 건의에도 불구하고 지금까지 평당부과를 계속하고 있습니다.

에너지 절약을 위하여 열량계 설치가 의무화된 이상 그 사용도 의무화되어야 소기의 목적을 달성할 수 있을 것이므로 본인은 1997년 4월에 열량계 사용을 의무화하는 법적 조치를 청와대에 건의한 바 있습니다(부첨1). 그리하여 1998년 12월 31일부로 공동주택관리령 제15조 제1항 제6호의 규정에 의하여 난방비는 열량계에 의하여 산정하게 되었고, 이를 위반할 때에는 주택건설촉진법 제52조의 3 제1항 3호의 규정에 의하여 500만원 이하의 과태료 부과가 가능하도록 법개정이 이루어 졌습니다.

따라서 본인은 다음과 같은 시정 조치를 삼부 아파트 입주자 대표회의 및 관리사무소장에게 지시하여 주실 것을 건의합니다.

민원인(고영근)이 제출한 건의자료를 검토한 결과 삼부 아파트에서 열량계 적용을 거부하거나 연기할 하등의 이유가 없으므로 공동주택관리령 제15조 제1항 제6호의 규정에 의하여 열량계에 의한 난방비 부과를 1999년 12월 1일부터 시행할 것을 지시합니다. 12월 1일까지 열량계 사용 공고가 없을 경우 주택건설촉진법 제52조의 3 제1항 제3호의 규정에 의한 과태료 부과 조치가 뒤따를 것이며, 관리주체에는 추가하여 주택건설촉진법 제39조의 2의 해당 여부의 검토가 뒤따를 것입니다.

추가하여 나는
1. 열량계 사용거부의 부당성,
2. 열량계 사용거부의 이유,
3. 열 사용량 편차의 원인,
4. 열 사용량 편차(난방비 격차)에 대한 민원 처리 방법,
5. 난방비 75% 절감방안의 근거를 자세하게 설명하고, 마지막으로 열량계 적용을 위한 강력한 조치를 취해 줄 것을 다시 강조하였다.

나는 11월 8일 위의 건의서를 가지고 성남시청 주택과로 갔다.
주택과 담당자는 내가 10월 11일에 찾아가서 도움을 요청한 일이 있었는데, 그는 열량계 적용 문제가 자기 소관 업무가 아니라고 하면서 산업자원부 에너지관리과에 가서 도움을 청해 보라고 한 사람이었다.
내가 열량계 적용 문제로 건의서를 써 왔으니 이야기를 좀 나누자고 하자 그는 바빠서 긴 이야기를 할 수 없다고 짜증 섞인 말로 대꾸를 하였다. 그는 나에게 앉으라는 말도 없이 선 자세로 "난방비의 부과 방법 결정은 입주자 대표회의의 권한사항"이라는 것이었다.

나는 산업자원부 에너지관리과에서는 그렇게 말하지 않는다고 하자 그는 자기의 법령해석이 맞다고 우기는 것이었다. 그리고 주택과에서는 선의의 중재 역할만 할 수 있지 열량계 시행을 지시할 권한이 없고, 나의 건의는 법적으로 타당하지 않다는 것이었다.

그는 나의 건의서 내용은 들을 필요가 없으니 민원실에 접수시키든 마음대로 하라고 말하고는 자리에서 떠나갔다.

나는 산업자원부 에너지관리과의 담당자 오경찬씨가 민원인을 대하는 태도와, 주택과 담당자가 민원인을 대하는 태도와는 너무나 대조적이고 차이가 많다는 것을 느끼며, 건의서를 민원실에 접수시켰다. 그리고 나는 불쾌하고 무거운 마음으로 성남시청을 나왔다.

11월 15일에 성남시 주택과에서는 내가 11월 8일에 제출한 건의서에 대한 회신을 보내왔다. 그 내용은 다음과 같았다.

1. 난방비 부과를 열량계에 의하여 시행하도록 지시할 것을 요구하는 사항에 대하여 현지 조사한 바

2. 귀 단지의 입주자 대표회의 및 관리사무소에서도 열량계의 검증을 통하여 열량계에 의한 난방비 산출 등을 검토하였으나 설치되어 있는 열량계의 여러 가지 문제들로 인하여 열량계에 의한 난방비 산정시 세대간의 상당한 불신 풍조가 형성되는 등 또 다른 불편을 초래할 수 있다고 판단되어 시행이 지체되고 있으며

3. 현재 사업주체인 삼부토건에 하자사항으로 전면적인 열량계 교체를 요구하고 있는 바 열량계가 교체되는 대로 난방비 산정방법을 변경하여 추진할 예정이라 하니 이점 이해있으시기 바랍니다.

이상과 같은 회신을 받고 그 내용이 너무나 기대에 어긋난 점에 나는 놀랐고 또 분개하지 않을 수 없었다.

왜냐 하면 위의 회신은 법령 위반의 이유가 타당하므로 나의 열량계 적용 요구, 즉 법령 시행요구는 부당하니 거부한다는 말과 같은 뜻이었기 때문이다.

법령을 위반했을 때, 그 이유, 즉 변명할 구실이 있다고 법의 위반 사실이 정당화되는 것은 아닌데도 불구하고, 주택과 담당자는 평당부과, 즉 법령위반에는 두 가지 이유가 있으니 그것을 이해하라고 나에게 요구하고, 열량계 적용 요구, 즉 법령의 시행지시 요구는 거부한 것이었다. 그는 공무원으로서 법령의 시행을 위한 업무처리 대신 법령위반을 옹호하는 업무처리를 한 것이었다.

그가 법령위반을 옹호하는 업무처리를 하였다는 주장의 근거는 그가 나에게 회신한 내용의 두 가지가 모두 허위인데 허위의 진술을 진실로 인정하고 그것을 법령위반의 타당한 이유로 인정을 해주었기 때문이다.

그가 타당성이 있다고 인정한 이유의 첫째는 "열량계 적용에 여러 가지 문제가 있어 적용을 못한다."는 것이었다.

그러나 여러 가지 문제의 주장이 허위라는 사실은, 내가 건의서에서 설명한 "2. 열량계 사용 거부의 이유, 3. 열량계 편차의 원인, 4. 열 사용량 편차에 대한 민원 처리 방법"의 내용을 읽어보면 쉽게 알 수 있게 되어 있었다.

내가 열량계 적용의 여러 가지 문제점의 해결방법까지 제시했는데 그 해결방법에 대한 결점이나 문제점의 지적은 없이, 법령 위반자의 주장만을 타당하다고 인정하는 업무처리는 공평하지도 못하고 객관성도 없는 것이라 아니할 수 없었다.

주택과 근무자가 타당성이 있다고 인정한 두 번째의 이유는 "열량계가 곧 교체될 계획이며 열량계가 교체되는 대로 열량계 적용을 한다."는 것이었다. 그 주장이 허위라는 사실은 열량계 교체에 대한 구체적 계획 자체가 없다는 사실로 금방 확인이 되는데, 그것은 삼부토건의 하자 담당 이사에게 전화 한 통화하면 가능한 것이었다.

주택과 담당자는 이상 두 가지를 "현지조사 한 바"라고 표현하였는데, 법령 위반자의 일방적 진술 만 듣고, 그 내용의 진실성 여부는 검토나 확인도 안하고, 철저한 조사를 하여 검증을 한 것 같이 표현하고 있으니 이것 역시 부적절한 업무처리였다. 사실은 그가 허위 진술에 속아 어리석게도 그들 거짓말의 대변인 역할을 하고 있었으니, 올바른 공무원의 근무자세라고는 도저히 인정할 수 없는 것이었다.

성남시 주택과에 대한 건의에서 내가 얻은 것은 커다란 실망뿐이었다.

건설교통부 주택관리과에 대한 건의

⑯

에너지 절약을 위한 정부시책에 앞장서서 열량계 적용을 권장하고, 그 법령의 시행을 감독해야 할 공무원이, 법령시행을 지시하도록 건의한 나의 요구는 묵살하고, 법령위반의 이유를 나에게 이해하라고 민원처리를 하였으니, 나는 그 업무처리 방법을 이해할 수도 승복할 수도 없었다.

그의 잘못된 업무처리방법을 시정하기 위하여 주택과 업무의 상부기관인 건설교통부 주택관리과에 찾아가서 업무처리의 오류를 시정하여 주도록 부탁하기로 마음먹고, 다음과 같이 건의서를 작성하였다.

성남시 소재 삼부 아파트는 1997년 1월에 난방비를 열량계에 의거 산정하던 것을, 타당한 이유 없이 불법적인 방법으로 평당 부과로 변경하였습니다.

이에 본인은 그 부당성을 지적하고 11회에 걸쳐 열량계 적용을 입주자 대표회의에 건의하였으나 지금까지도 불법적인 평당부과가 지속되고 있습니다.

1999년 11월 8일 본인은 성남시청 주택과에 "법령위반에 대한 시정조치 지시 건의"를 하여, 삼부 아파트 입주자 대표회의에 대해 공동주택관리령 제15조 제1항 제6호의 규정에 의거하여 열량계에 의거한 난방비 부과를 1999년 12월 1일부터 시행하도록 지시할 것과, 그 때까지 열량계 사용공고가 없을 경우 주택건설촉진법 제52조의 3 제1항 3호의 규정에 의거한 과태료 부과조치가 뒤따를 것이라는 경고의 지시를 하여 줄 것을 건의하였습니다.

본인 건의에 대하여 주택과 담당자는 1. 관리비의 부과방법 결정은 입주자 대표회의의 권한 사항이고, 2. 난방비 산정에 대한 산업자원부의 해석은 잘못된 것이며, 3. 본인의 건의는 법적으로 타당하지 않으며, 4. 주택과에서는 다만, 선의의 중재역할만 할 수 있다는 것이었습니다.

공동주택관리령에 대한 그의 잘못된 이해와 해석은 그의 민원 사항 회신에서 그대로 반영되고 있는데, 본인은 그것이 다음과 같은 이유로 부당하다고 생각합니다.

1. 법령 해석에 있어 열량계 설치에도 불구하고 열량계에 의거한 난방비 부과를 안 하는 것은 분명히 공동주택관리령 제15조 제1항 제6호를 위반하는 것이며, 산업자원부 에너지관리과에서도 그렇게 해석하고 있습니다.

2. 법령위반이 있을 경우 그에 대한 과태료 부과조치는 시장 등이 처분관청이라는 것이 주택건설촉진법 제38조 제2항에 규정되어 있으므로 성남시의 주무부서인 주택과가 그 업무를 담당하는 것은 당연한데 담당자는 그렇게 생각을 안 하고 있습니다.

3. 에너지 절약을 위하여 아파트에서 열량계를 사용하는 것은 필수적 조건이므로 1991년 열량계 설치가 의무화되었고, 그 후 열량계의 사용도 의무화할 필요성이 인식되어 1998년 12월 31일자로 공동주택관리령 제5조 제1항 제6호의 개정이 이루어지게 되었습니다.

그러므로 주무부서 담당자는 법령개정의 취지를 누구보다 먼저 인식하고 열량계 사용에 대해 적극적 조치를 취하는 것이 마땅한 것입니다. 그런데 그 반대로 법령을 위반하면서 열량계 적용을 거부하는 입주자 대표회의 회장의 부당한 이유, 즉 구실을 이해하라는 민원처리 회신은 본인이 전혀 납득할 수 없는 업무처리 방식인 것입니다.

본인의 건의 사항은 건설교통부 주택관리과에서 법령에 대한 올바른 해석을 내려 달라는 것입니다.

건설교통부 주택관리과의 법령해석이 산업자원부 에너지관

리과의 해석과 동일하다면 성남시청 주택과의 법령해석은 잘
못된 것이므로 그 오류를 지적하고 본인의 건의를 수용하는
조치를 취하도록 지시해 주실 것을 건의합니다.

나는 건의서를 가지고 1999년 11월 22일 건설교통부 주택관리과
로 찾아갔다.

주택관리과 담당자 박종원씨를 만나서 성남시청의 주택과 담당자
가 공동주택관리령의 해석을 제멋대로 하여 법령에 따를 조치를 건
의하여도 들어주지 않으니 올바른 법령해석대로 업무처리를 하도
록 지시하여 줄 것을 부탁하였다.

그는 나의 건의 내용을 읽어본 후, 성남시에 필요한 지시를 하여
줄 것을 약속하였다. 상부 지시에도 주택과 담당자가 순순히 응할
것 같지 않아 그런 경우의 대책을 물었더니 그 때는 직무유기로 고
발하여 처벌을 받게 할 수 있다고 말하였다.

1999년 11월 26일 건설교통부 주택관리과에서는 다음과 같은 문
서를 성남시장에게 발송하였음을 알려주는 회신을 나에게 보내왔다.

귀시 수정구 수진2동 삼부 아파트 106 ~ 1406호 고영근이
우리 부에 제출한 민원은, 공동주택의 난방비는 공동주택관리
령 제15조 제1항 제6호의 규정에 의하여, 난방 열량계가 설치
된 공동주택의 경우에는 난방 열량계 등의 계량에 의하여 산

정한 난방비를 부과하도록 되어 있는데도 평형별로 일괄부과하고 있으므로 이를 시정하여 달라는 내용으로서, 붙임과 같이 이송하니 해당 공동주택의 관리주체에게 시정조치 등 공동주택관리령에 규정된 필요한 조치를 취하고 그 결과를 민원인에게 회신하시기 바랍니다."

1999년 12월 8일에 성남시 주택과에서는 건설교통부 주택관리과의 통보에 따른 조치로서 다음과 같은 내용의 "민원 사항 통보"를 나에게 보내왔다.

공동주택관리령 제15조 제1항 제6호에 의하여 난방비 산정을 열량계 등의 계량에 의하여 산정토록 함은 난방의 효율적 사용을 통하여 궁극적으로는 에너지를 절약하고자 규정된 취지로 해석함이 타당할 것이므로, 귀 단지에서는 빠른 시일 내에 열량계 등에 의하여 난방비 부과를 할 수 있는 구체적인 일정 등을 포함한 세부계획을 수립하여 민원인(고영근)에게 직접 통보함은 물론 우리 시에도 제출하여 주시기 바랍니다.

성남시 주택과의 이상과 같은 조치는 건설교통부 주택관리과의 지시를 어기고 다시금 제멋대로의 조치를 한 것이라 볼 수 있다.

내가 성남시 주택과에 요구한 민원은 열량계 사용을 지시할 것과 지시한 날짜까지 실천하지 않을 때는 과태료를 부과하겠다는 분명한 의지의 통보였던 것이다. 그리고 건설교통부 주택관리과에서 법령대로 처리하라는 지시의 취지도 그러한 것으로 나는 해석하였다.

그런데도 주택과 담당자는 법령시행의 지시 대신 "열량계 사용을 위한 세부계획 수립"을 요구하였는데 법령시행에 무슨 세부계획이 필요하단 말인가?

공동주택관리령의 규정에 의하면 입주자 대표회의에서 시행 날짜를 가결하고 입주자에게 공고한 후에 시행하기만 하면 되도록 되어 있는 것이다.

성남시 주택과의 민원 처리는 열량계 적용 기피를 인정한다는 것과 같은 효과를 가지는 것으로, 입주자 대표회의 회장과 관리사무소장에게 아무런 영향을 미치지 못할 것이 뻔하였다.

반복되는 거짓말

성남시 주택과는 건설교통부 주택관리과의 통보를 받고 1999년 12월 8일 입주자 대표회의 회장에게 민원사항 통보를 하였는데 그 내용은 다음과 같다.

> 귀 단지에서는 빠른 시일 내에 열량계에 의하여 난방비 부과를 할 수 있는 구체적인 일정등을 포함한 세부계획을 수립하여 민원인(고영근)에게 통보함은 물론 우리 시에도 제출하여 주시기 바랍니다.

이에 대한 올바른 답변은 열량계 적용을 시행할 분명한 날짜의 명시와 그때까지의 필요조치, 즉 입주자 대표회의의 개최를 위한 공고 및 의결 후의 공고 등의 일정 등을 나타내는 것이어야 할 것이었다. 그러나 그동안 정부 지시를 우습게 여기고, 무시해 온 대표회의 회장이 주택과의 통보에 순순히 응할 리가 없다고 나는 생각하였다.

나의 예상대로 그 답변은 열량계를 적용하겠다는 답변이 아니라 열량계 적용을 기피하기 위한 구실의 반복이었다. 1999년 12월 22일자의 "열량계 적용에 관한 답변"의 내용은 다음과 같이 되어 있었다.

당 아파트에 설치된 열량계는 전원부가 노출전기식(코드 사용)으로 되어 있어 누구나 쉽게 전원차단 및 조작할 수 있다는 것이 가장 큰 문제입니다.

당 아파트에서도 입주 초기 본 열량계를 적용하여 난방비를 부과하였던 적이 있었으나 그 당시 이러한 문제로 인하여 상호간에 불신감이 조장되어 단지 평화가 심히 우려될 만큼 커다란 문제점으로 대두되기도 하였습니다.

당 아파트도 오로지 평형별 부과를 고집하는 것은 아닙니다. 이미 오래 전에 사업주체인 삼부토건(주)에 이 문제를 하자로 접수한 상태이고 이 문제가 심각하다고 판단되어 당 아파트 하자대책위원회를 구성, 시공 회사와 위 문제를 본격적으로 1, 2차에 걸쳐 협의하였던 바 사업주체측에서도 당 아파트에 설치된 열량계의 문제점을 인식하고 제조업체와 협의 중에 있으니 잠시 기다려 달라고 하고 있습니다.

위와 같이 당 아파트에서는 열량계를 적용하여 난방비를 부과하기 위하여 최선의 노력을 하고 있는 것입니다. 그러므로 사업주체인 삼부토건과 본 열량계의 하자처리가 해결되는 즉시 열량계를 적용할 계획임을 알려드립니다.

위 답변은 세 가지 거짓말로 구성되어 있다. 첫번째 거짓말은 삼부 아파트에 설치된 열량계는 조작가능성이 있어 사용이 불가능하다는 주장이다.

대표회의 초대 회장은 이 주장을 근거로 하여 열량계 적용을 평당 부과로 변경하였는데 이 주장의 부당함은 이 책의 "입주자의 항의집회"에서 이미 설명한 바와 같다. 그리고 같은 기종의 열량계인 "대한전선 TCM-95"의 생산 대수가 2만대였는데 부정조작 가능성 때문에 못 쓴다는 아파트는 유독 성남의 삼부 아파트 뿐 이었다. 그러므로 부정조작 가능성 때문에 열량계를 못 쓴다는 주장은 그야말로 억지 주장에 불과하였다.

더욱이 1997년 4월부터 10월까지의 기간 중 부정조작 방지조치로 전원 플러그를 실리콘으로 고정하는 작업을 완료하였고, 누구든지 그것을 쉽게 확인할 수 있음에도 불구하고, 초대회장이 써먹은 거짓말을 제4대 회장이 반복해서 써먹고 있는 것이었다.

두번째 거짓말은 열량계를 적용하였을 때 입주자 상호간의 불신감이 조성되어 단지 평화가 심히 우려될 만큼 커다란 문제점이 대두되었다는 주장이다. 이 주장 또한 초대 회장이 써먹은 거짓말을 고대로 반복한 거짓말이다.

내가 관리사무소장을 설득하여 열량계 적용을 한 것은 1997년 1월이었다. 그런데 1월 23일에 입주자 대표회의가 처음으로 구성되었고, 3일 후인 1월 26일에 첫 번째 대표회의가 열렸는데 이 때 난방비 부과 방법을 평당 부과로 변경하였던 것이다. 그러므로 열량계에 의한 난방비 산정 결과를 안 사람은 동대표들 뿐이었고 입주자는 3월 20일에 관리비 납부 고지서를 받은 다음에야 알게 되었으므로, 열량계 적용 때문에 입주자 상호간에 불신감이 조성되고 커다란 문제가 생겼다는 것은 아주 허무맹랑한 거짓말인 것이다.

이러한 사실을 내가 제4대 회장과 관리사무소장에게 서면으로 누차 해명하였음에도 불구하고, 나에 대한 답변에서 그 거짓말을 반복한 것은 주택과 담당자를 속이기 위한 교활한 목적이 있기 때문이라 생각되었다.

세번째 거짓말은 열량계 교체에 관하여 삼부토건과 합의가 이루어진 것 같이 "잠시 기다려 달라고 하고 있습니다"라고 표현한 것과, "열량계 하자처리가 해결되는 즉시 열량계를 적용할 계획임을 알려드립니다."라고 답변한 내용이다.

삼부 아파트가 삼부토건에 대하여 열량계 교체를 요구한 문서는 있지만, 삼부토건에서 그 요구에 동의한 문서는 아무 것도 없는데 열량계 교체가 곧 이루어 질 것 같이 말하는 것은 근거 없는 거짓말이었다.

열량계 하자보수 기간이 3년이고, 그것이 이미 1999년 9월에 만료되었는데, 책임 보수 기간이 만료된 후에 열량계의 전량 교체를 요구하는 것 자체가 상식에서 벗어난 처사였던 것이다. 이러한 업무처리를 한 이유는 순전히 나의 열량계 적용 요구에 대한 반대 이유의 명분을 만들기 위한 것이었고, 그 배후인물이 초대 회장이었다.

그 증거는 "1999년 10월 12일자 당 입주자 대표회의의 결의에 따라 아래와 같이 하자대책위원회를 구성하였음을 공고합니다."라는 공고문이다. 그 이유는 위원회의 구성인원이 초대회장을 비롯하여 1, 2, 3, 4대 대표회의의 임원들이었고, 그들이 모두 초대회장과 친근한 사이의 사람들이라는 사실 때문이다.

그리고 이러한 위원회의 구성 근거는 공동주택관리령과 관리규약에 없는 것이며 그 필요성 자체가 없는 것이다. 아파트 관리의 모든 책임은 입주자 대표회의에 있게 되어 있으므로 이 위원회가 할 일이란 없는 것이며, 다만 그 구성목적은 열량계 사용의 반대 세력을 조직화하여 영향력을 행사하는데 있었다는 것이 분명한 것이다.

제4대 대표회의 회장이 초대회장이 주장하였던 거짓말을 고대로 반복하여 주장한 이유는 바로 초대 회장이 배후에서 계속 영향력을 행사하였기 때문이었던 것이다.

대표회의 회장과 관리사무소장의 거짓말 답변서를 받고 주택과 담당자는 민원처리가 완결된 것으로 만족스럽게 생각할 것이라 나는 생각하였다. 외냐 하면 민원통보에 대한 회신이 지시한 기간 내에 도착하여 서류철에 첨부된 이상 그의 일은 끝났다고 생각할 것이기 때문이었다.

그러나 내가 성남시 주택과에 민원 건의를 하여 그가 나에게 도움을 준 것은 하나도 없었고, 오히려 법령위반자의 편에 서서 그들의 거짓말을 신뢰한 조치만 취하였으니 나의 정신적 고통과 분개심은 이루 말할 수 없이 커져 갔다.

1999년 12월 24일 나는 성남시 주택과에 다시 다음과 같이 "과태료 부과 경고 건의"의 민원서류를 제출하였다.

> 2000년 1월 10일까지 열량계 적용 공고가 없을 경우, 삼부 아파트 입주자 대표회의 회장과 관리사무소장은 열량계 적용 의사가 없는 것으로 단정하는 것이 올바른 판단입니다.
> 따라서 과태료 부과조치가 뒤따라야 마땅할 것입니다. 앞으로 다시 한번 기회를 주어 열량계 적용을 권고한 후 1월 10일까지 시행조치가 없을 때는 주택과에서 과태료 부과라는 법적 조치를 취하는 것이 순리이며 그러한 조치가 없을 때 업무담당자는 직무태만이나 직무유기의 법적 책임을 면할 수 없다는 것이 건설교통부의 유권해석이었습니다.

2000년 1월 3일 주택과 담당자가 삼부 아파트에 보낸 "민원사항 통보"는 다음과 같았다.

다소 어려움이 있으시더라도 빠른 시일 내에 난방비의 산정을 열량계에 의하여 부과할 수 있도록 하여 주시기 바랍니다. 아울러 동 규정을 위반하였을 경우에는 주택건설촉진법 제52조의 3 제1항 제3호의 규정에 의하여 500만원 이하의 과태료를 부과하게 되어 있음을 알려 드립니다.

주택과의 이상 통보 내용은 내가 요구한 내용과는 너무나 차이가 많았다.

"1월 10일"까지로 열량계 적용 시기를 통보하는 대신 "빠른 시일 내"라고 함으로써 법령위반에 대한 허용의사를 나타내고 있다. 빠른 시일의 판단기준은 법령위반자에게 맡겼으니 그것이 1년이 될 수도 있고 2년이 될 수도 있는 것이었다.

주택과 담당자의 통보를 받고, 1월 10일 이후 내가 취할 행동은 주택과 담당자를 직무유기로 고발하는 것 밖에 없다는 생각을 하였다.

이상한 민원처리

20 00년 1월 12일에 주택과 담당자로부터 전화가 왔다.

대표회의 회장과 나와 주택과 담당자가 만나 열량계 적용문제의 해결방안을 상의하자는 것이었다. 그가 전화를 한 것은 삼부 아파트에서 1월 10일까지 열량계 적용을 안 할 때는 과태료 부과조치를 하는 것이 마땅하며, 그 조치를 안 할 때 그를 직무유기로 고발하겠다는 나의 민원 통보가 마음에 걸렸기 때문이라 생각되었다.

나는 그의 제의대로 1월 17일 시청 주택과에서 만나기로 약속하였다.

1월 17일에 성남시청 주택과에서 담당자와 대표회의 회장, 관리사무소장 그리고 나의 네 사람이 만났다.

나는 이 자리에서 주택과 담당자가 대표회의 회장과 관리사무소장에게 열량계 적용을 설득하고, 적용을 끝내 거부할 때는 과태료 부과가 불가피함을 말할 것으로 기대하였다. 공무원으로서 법령의 시행을 요구하고, 그 요구에 불응할 때 벌칙의 적용을 언급하여 시행의 설득을 하는 것이 정상적 업무처리 방법이라고 나는 생각하였던 것이다.

그런데 그는 이외로 나에 대하여 열량계의 하자처리가 완료될 때까지 나의 열량계 적용 주장을 보류하라는 것이었다. 나는 열량계의 하자처리 보장이 없고, 그 실현성이 없을 뿐 아니라, 현재 상태에서도 열량계 적용에는 아무런 문제가 없으므로 우선 2, 3개월 만이라도 열량계 적용을 해보고, 문제가 생기면 그 때 그 문제를 해결하면 된다는 주장을 하였다.

나의 주장에 대하여 관리사무소장은 현재의 열량계는 정확성과 신뢰성이 없어 입주자의 반대가 많다는 것이었다. 그런데 그 주장을 뒷받침할 구체적 증거는 하나도 없는 허위의 주장을 그는 하고 있는 것이었다. 그러함에도 담당자는 그의 주장은 그대로 믿는 것이었다.

내가 계속 열량계를 당장 적용하여야한다고 주장하자 주택과 담당자는 열량계를 당장 적용하는 안과 열량계 교체 후 적용하는 안에 대하여 입주자의 의견 조사를 하여 다수 의사에 따 라 결정하라는 것이었다. 나는 그 제의에 반대하였다. 법령으로 열량계 적용을 하게 되어 있는 이상 그 시행이 당연하며, 법의 준수 여부를 다수결로 결정한다는 것은 법 본래의 원칙과 상식에서 벗어난 처사라고 반대한 것이다.

주택과 담당자는 계속하여 나의 양보를 설득하여 입주자의 다수 의사에 따르도록 하는 안을 권하였다.

그것이 민주적이고 타당한 해결방안 같지만 사실은 가장 어리석은 해결방안이데 그 이유는 입주자의 대부분이 열량계에 관하여 아무 것도 모르는 실정이었기 때문이었다.

결국 그들은 관리사무소장이나 입주자 대표회의 회장이 주장하는 것을 옳다고 믿고 그들 주장에 찬성할 것이 확실하였다.

주택과 담당자는 잘못된 법령해석과 선입감으로 인하여, 열량계 적용을 위한 그동안의 나의 건의를 모두 거부하는 조치만을 취해 왔기 때문에, 나는 그를 직무유기로 고발하는 방안을 고려 중이었는데, 엉뚱하게 입주자의 다수 의사에 따라 열량계 적용 문제를 해결하는 안을 제시하였으니 그 수락 여부를 마음속에서 저울질 해보지 않을 수 없었다.

그의 제의를 거부하고 그를 직무유기로 고발한다고 당장 열량계 적용이 이루어지는 것은 아니었다. 어떤 처벌이 있을지 모르지만 담당자가 인사상의 불이익을 당할 것은 확실하였다. 그리고 그 일로 인하여 과태료가 부과될 때 아파트 전체가 시끄러워질 것도 확실하였다.

그러나 입주자 의견조사를 실시하여 입주자 다수가 열량계 적용을 원하는 경우에는 1월 중에라도 열량계 적용이 가능할 가능성이 있었다. 다만, 열량계에 관한 진실을 입주자에게 전달할 기회가 나에게 주어 질 것인가가 의문이었다.

나는 통반장에게 열량계에 관한 진실을 밝힐 충분한 시간만 주어지면 그들을 설득할 자신이 있었지만 짧은 시간 내에서는 그것이 불가능하다는 점을 잘 알고 있었다. 그러나 나는 조금이라도 가능성 있는 쪽이 나을 것 같아 결국 담당자 제의를 수락하였다.

입주자 의견 조사의 방법으로는 "열량계 당장 적용"안과, 열량계 교체 후의 "추후 적용"안의 이유를 각각 A-4 용지에 설명하여 게시판에 게시한 후에 실시하도록 하는데 합의하였다.

1월 20일 오전에 주택과 담당자로부터 전화가 와서 그날 오후에 삼부 아파트 입주자 대표회의실에서 대표회의 회장과 관리사무소장, 주택과 담당자, 그리고 내가 만나기로 하였고, 오후 5시경에 모임이 이루어 졌다.

우선 게시판에 게시할 설명문의 내용을 검토하기로 하였다. 그런데 열량계 교체 후의 "추후 적용"안의 이유 설명은 모두가 진실이 아닌 허위의 주장이었다. 허위의 주장이니 삭제하자고 하면 게시할 내용이 남지 않게 되어 있었다. 나는 설명문의 내용을 가지고 승강이를 벌이기를 포기하였다. 추운 겨울 날씨에 게시판의 설명문을 자세히 읽어 볼 사람이 거의 없을 것이라는 생각 때문이었다.

게시판에 게시된 허위주장의 내용은 이 책의 "반복된 거짓말"에서 설명한 바 있는 그 내용이었다. 그리고 입주자에 대한 의견조사의 문안은 다음과 같이 되어 있었다.

(1) 열량계가 현재와 같이 문제가 있더라도 지금 당장 열량계를 적용하여 난방비 부과를 원하시는 분은 '당장 열량계 적용란'에 'O'을

(2) 현재 부착된 열량계는 세대에서 지침량 조작이 가능하므로 삼부토건으로부터 전량 타 기종으로 교체 등 열량계에 의한 하자처리가 완료된 후 열량계 적용 난방비 부과를 원하시는 분은 '추후 열량계 적용' 난에 'O'을 하여 주시기 바랍니다.

이상 문안 만 보더라도 "당장 열량계 적용"안에는 문제가 있다는 표현을 했고, 열량계 교체는 합의가 되어 곧 이루어질 것 같이 표현을 해서 입주자의 의견을 (2)번 쪽으로 유도하고 있음을 알 수 있다.

주택과 담당자가 객관적 입장에서 공정하게 업무를 수행하는 사람이었다면 그러한 불공평한 의견조사 문안은 시정하게 하였을 것이었다. 그러나 나는 이 문안 가지고 승강이 하기를 포기하였는데 주택과 담당자의 업무처리 방법 자체가 잘못 되었기 때문에, 부수되는 문제점을 가지고 승강이를 벌여봐야 나의 정신적 피로만 더할 뿐이라고 생각한 것이었다.

주택과 담당자는 다음과 같은 합의서를 직접 작성하여 각자 서명하게 하였다.

1. 열량계 사용 건으로 손해배상청구사건(원고 고영근, 피고 송병두 외 4명)은 양자 합의 하에 소 취하한다.

2. 열량계 적용은 주민의 과반수 의사에 따라 처리키로 한다.

3. 행정청에 제출한 민원사항에 대하여는 완전히 해결된 것으로 한다.

2000년 1월 20일

합의자   대표회의 회장

관리사무소장

고영근

입회자   주택과 담당자

주택과 담당자의 이상과 같은 민원처리 방법은 정상이 아니었다. 공무원의 업무처리기준은 법령과 규정에 따라야 할 것이며, 법령으로 시행하게 되어 있는 열량계 적용을 법령대로 시행시키는 것이 그의 임무이고 책임일 것이었다. 그리고 법령대로 시행을 안 할 때 과태료 부과 조치를 하는 것이 또한 그의 임무이고 책임일 것이었다.

그런데 그는 이렇게 간단하고 명백한 원칙적 업무처리 대신, 법령을 위반하고 있는 아파트까지 나와서 민원인의 건의 내용과는 정반대 되는 내용으로 업무처리를 한 것이었다. 더욱이 그는 에너지 절약을 위한 국가시책에 역행하는 업무처리를 하고 있으니 이 나라의 공무원 교육에 문제가 있는 것이 아닌가 하는 의문이 생기는 것이었다.

또한 그는 그와 아무런 관련이 없는 손해배상청구사건에 대하여도 대표회의 회장이 요구한 소 취하를 내가 수락하도록 종용하여 그 문제로 1시간 이상의 승강이를 벌였던 것이다.

원래 17일 모임에서 소송문제는 합의사항과 무관하다는 나의 주장에 동의하였던 그가 20일에는 태도를 바꾸어 합의사항에 포함시키게 되었으니 그의 불공평하고 부당한 처신이 더욱 나를 분개하게 만들었다. 어쨌든 그의 민원처리 방법은 납득하기 어려운 이상한 것이었다.

2000년 1월 24일에 아파트 노인정에서 통반장 회의가 있다는 공고를 보고, 나는 통반장 회의에서 이야기할 기회를 얻으면 열량계에 관한 진실을 알리고 그들을 설득할 수 있을 것이라고 생각하였다.

반장들이 열량계에 관한 진실을 알고 입주자에게 전달하면 입주자 대부분이 당장 열량계를 적용하자는 나의 제의에 찬성할 것이라고 나는 생각하였던 것이다..

그러나 이러한 순진한 나의 생각은 빗나가게 되었는데 대표회의 회장과 관리사무소장이 역시 통반장 회의에 참석하여 진실이 아닌 내용으로 입주자를 설득하였기 때문이었다.

관리사무소장이 먼저 열량계에 세 가지 문제가 있어 적용이 불가능하다는 것과, 열량계의 하자처리를 삼부토건에 요구하여 전량 교체가 곧 이루어질 것이므로 그 때에 열량계 적용을 하는 것이 타당하다고 주장하였다.

다음으로 내가 발언권을 얻어 열량계 적용에 문제가 있다는 것은 근거 없는 주장이고, 부정조작 방지조치가 이미 오래 전에 완료되어 누구든지 쉽게 확인할 수 있다는 사실을 지적하였다. 그리고 열량계 교체계획 자체가 실현성 없는 것이라는 설명을 하려하자 회의의 사회를 맡은 통장이 회의에서 토의할 사항이 많으니 빨리 설명을 마쳐 달라는 것이었다.

관리사무소장의 주장이 진실이 아니라는 것을 납득시키려면 구체적인 증거를 제시하고 설명해야 되는데 짧은 시간 내에는 그것이 불가능한 일이었다. 빨리 말을 끝내라는 사회자 독촉에 나는 하고 싶은 설명을 충분히 못하고 말을 끝내야만 하였다.

통반장 회의가 끝난 후 관리사무소장이 다시 발언권을 얻어 나의 주장을 부정하고, KBS 뉴스 녹화 테이프를 틀어 중앙난방의 아파트에서 대부분의 아파트가 열량계 적용을 안 한다는 뉴스를 소개하였다. 그 후 대표회의 회장이 다시 이 책의 "반복되는 거짓말"에서 설명한 내용의 거짓말을 반복하였다.

통반장 회의에서 반장들에게 진실을 알리고, 열량계 적용의 이점을 설득하려고 한 나의 계획은 실패하였다. 관리사무소장과 입주자 대표회의 회장의 거짓말에 속은 반장들은 반상회에서 "추후 열량계 적용"안에 찬성하도록 권하여, 입주자 의견 조사 결과는 대부분의 입주자가 "추후 열량계 적용"안에 찬성하는 결과로 나타났다.

다만, 3개 반의 입주자 만이 "당장 열량계 적용"안에 찬성하는 결과가 나왔는데 그 이유는 내가 1월 25일과 26일에 3개 반상회에 직접 참석하여 입주자에게 열량계에 관한 진실을 알리고 부정조작 방지조치를 현장에서 눈으로 확인하게 하였기 때문이었다.

삼부 아파트에서 1월 반상회는 25일에 열렸는데 나는 그날 2개 반상회에 참석할 수 있었고, 반장 사정으로 26일 반상회를 여는 곳이 있어 그 반상회에 참석하여 결국 3개 반상회의 입주자에게 열량계에 관한 진실을 알릴 수 있었던 것이다..

관리사무소장이 거짓말을 하고 있다는 사실은 반상회 참석자를 열량계의 전기 플러그가 있는 곳으로 안내하여 실리콘으로 고착시킨 상태를 눈으로 보게 함으로써 확인시킬 수 있었다.

열량계 적용시의 이점은, 열량계를 적용하고 있는 아파트가 지역난방인 경우 54%의 난방비 절감을 하고 있는 실례와, 중앙난방인 대전 한빛 아파트의 경우 열량계 적용 후 약 30%의 절감을 이룬 신문기사를 소개하고, 삼부 아파트의 경우 1997년 1월에 열량계 적용시 내가 온도조절기 사용방법을 계몽한 15세대의 열 사용량이 60% 절감된 내용을 설명함으로써 쉽게 이해시킬 수 있었다.

열량계 적용에 대한 관리사무소장의 주장이 거짓말이라는 것을 나의 설명을 귀담아 들은 입주자들은 쉽게 이해를 하였는데, 주택과 담당자만은 왜 그것을 이해를 못하고 열량계 적용을 반대하는 민원처리를 하였는지 나는 그 이유를 생각해 보았다.

그 이유는 공동주택관리령에 대한 잘못된 이해와 해석, 열량계에 대한 잘못된 선입감, 공무원으로서 갖추어야 할 국가시책에 대한 인식부족, 경박한 판단력 등이 복합적으로 작용한 것 같은데, 그의 공무원으로서의 자질에 문제가 있는 것인지, 공무원에 대한 기본적 교육훈련 체계에 문제가 있는 것인지, 개인의 근무자세에 문제가 있는 것인지 나로서는 알 수가 없었고, 다만 그가 우리 나라 공무원 중 극히 일부의 사람을 대표하는 예에 불과하다고 믿고 싶었다.

1999년 11월 초에 열량계 적용 건의를 한 후 세 번의 건의에서 그는 계속 열량계 적용을 반대하는 업무처리를 하므로써 나에게 좌절감을 맛보게 하였는데, 참으로 이상한 민원처리를 하는 공무원이었다.

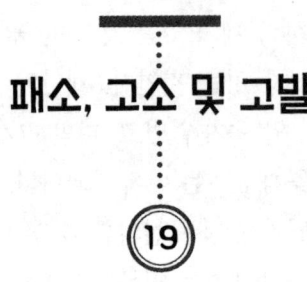

패소, 고소 및 고발

2000년 5월 6일 나는 법원으로부터 손해배상 청구소송에 대한 판결문을 받았다. 4월 12일 자로 선고된 판결문 내용을 보면,

1. 원고의 피고들에 대한 청구를 모두 기각한다.
2. 소송비용은 원고의 부담으로 한다. 로 되어 있었다.

손해배상 청구의 기각 이유가 써 있지 않아 기각된 이유는 알 수 없었지만, 피고들이 법령을 위반하여 평당 부과를 한 것이 사실이고, 그로 인하여 내가 부당하게 손해를 보고 있을 뿐만 아니라 입주자 모두가 손해를 보고, 국가적으로도 손해라는 사실이 입증이 되는데도 그 배상 청구가 기각되는 것은 법적으로 부당하다는 생각을 나는 지울 수가 없었다.

나의 주장이 옳다는 것을 항소를 해서라도 입증을 하고, 열량계 사용을 하도록 만들어야 한다고 나는 생각하였다.

나는 항소할 생각으로 항소장을 작성하였다. 그러나 내가 작성한 항소장의 내용이 법적으로 타당한지의 검토가 필요하였는데 그 검토를 의뢰할 변호사를 어떻게 찾는가가 문제였다.

법률 구조공단에 찾아가 봐야 일반적인 법률 상담이 아닌 특수한 소송 문제에는 시원스러운 답변을 얻을 수 없다는 경험을 이미 한 바가 있다. 또한 안면이 없는 변호사에게 찾아가서 법률상담을 청해봤자 상담료 만으로 진지하게 상담에 응해 줄 변호사가 있지 않다는 것도 경험한 바가 있었다.

궁리 끝에 공군에 있을 때 같은 부대에서 근무한 적이 있는 손진호 장군 생각이 났다. 그에게 변호사 친구가 둘이 있다는 이야기를 들은 기억이 나서 그에게 전화를 하여 변호사 친구에게 법률상담을 요청하도록 부탁하였다.

5월 10일 나는 손 장군과 같이 성남시의 모란에 있는 박 은 변호사를 찾아갔다. 그는 내가 작성한 항소장을 읽어보더니 항소를 해도 승소를 보장하기 힘들다는 것이었다. 손해배상소송에서는 상대방이 나의 주장을 부정하면 상대방 부정을 부정하는 입증자료를 내가 제시하여야 하는데 법률지식이 없는 내가 그것을 하는 것이 쉽지 않다는 것이었다. 그러므로 100만원도 안 되는 소액을 가지고 항소를 하여 고생하는 것은 현명하지 않다는 이야기였다.

내가 소송을 제기한 목적은 열량계 적용을 안 하는 것이 법령 위반이고 부당하다는 것을 입증하기 위한 수단이었는데, 손해배상소송이라는 것이 법적인 정당성을 가려주는 것이 아니라는 설명이 잘 이해가 안 되었다.

박 은 변호사의 이야기를 듣고도 나는 항소의 미련을 버릴 수 없었다. 수 일 후 나는 다시 손 장군에게 전화를 하여 다른 변호사 친구의 법률상담을 받도록 주선하여 줄 것을 부탁하였다. 그리하여 5월 16일에 나는 손 장군과 함께 여의도에 있는 도태구 변호사 사무실로 찾아갔다.

도변호사는 나의 항소장을 읽어보더니 손해배상소송은 법적 정의를 다루는 것이 아니라 법적 기술을 다루는 것이므로, 법률 지식이 없는 내가 직접 소송을 하는 것은 현명하지 못하다고 박 은 변호사와 같은 의견이었다. 그러니 항소 대신 법률위반 사항에 대하여는 고소 또는 고발을 하라는 것이었다.

두 변호사의 이야기를 듣고 나는 항소하는 것은 포기하기로 하였고, 손해배상소송을 하려면 아무리 소액이라도 변호사를 통하여 하여야 한다는 것을 깨달았다.

민사조정의 경험을 통하여 변호사를 통하지 않은 소액 소송의 원고 주장은 판사가 읽어보지도 않는다는 것을 체험했기 때문이다.

2000년 9월에 제4대 입주자 대표회의의 임기가 만료되게 되어 있으므로 회장과 관리사무소장에게 다음과 같은 "열량계 적용 약속이행 촉구"라는 통고문을 내용증명으로 7월 20일에 발송하였다.

약속이행을 안 할 경우 9월에 고소이건 고발이건 법적 조치를 하기 위하여서였는데, 될 수만 있으면 법적 조치를 하지 않고 순리대로 문제가 해결되기를 바랐던 것이다.

연초인 2월에 열량계 적용을 '추후'에 하겠다고 입주자에게 공고한 약속사항을 임기 중에 이행하고 임기를 마칠 것을 촉구합니다.

그 약속을 지키기 위하여 10월 1일부터 열량계 적용을 하도록 8월 중에 의결하고 공고하여 9월 중에는 온도조절기의 사용방법을 미리 계몽하고 교육하는 조치를 하여야 난방비 절감의 목적이 달성될 수 있을 것입니다. 그러므로 8월 20일까지는 10월 1일부터 열량계 적용을 한다는 공고가 되어야 마땅합니다.

이러한 통고에도 불구하고 8월 20일까지 아무런 답변이나 공고가 없었고 나의 요구를 무시하고 묵살하는 종전의 태도가 계속되었다.

나는 고소장을 작성하여 8월 22일에 수원지방검찰청 성남지청으로 찾아갔다. 성남지청에서는 민원전담 공익법무관실로 가라는 안내를 받아 법무관을 만났다. 그는 나의 고소장을 받아 읽어보더니 처리방법에 대하여 다른 동료의 의견을 물었다. 그는 법령 위반사항이 과태료 부과사항이므로 형사 입건이 안 되므로 고소장 접수가 안 된다는 것이었다. 그러니 고발을 하라는 것이었다.

나는 관리사무소장과 입주자 대표회의 회장에 대한 고발장을 서면으로 작성하여 9월 8일 성남중부경찰서의 민원실에 가서 접수시켰다.

고발사건에 대한 조사는 9월 21일 오후에 있었다. 오후 2시부터 3시 반까지 조사를 받고 조서에 날인하였다.

조사를 받을 때 조사계 류병욱 경장은 피고발인에 대하여 어떤 처벌을 원하는가를 나에게 물었다. 나는 그들에 대한 처벌보다 그들이 법령을 지켜서 열량계 사용을 하도록 설득하는 것이 목적이므로, 경찰조사나 검찰에서 그들의 법령 위반을 시정하는 조치를 하여주기 바란다고 답변하였다.

10월 11일에 경찰서로부터 고발사건 처리결과 통지서를 받았다. 처리내용은 "피의자 각 범죄혐의 없어 불기소의견으로 송치"로 되어 있었다.

10월 26일에는 성남지청에서 발송한 통지서를 받았는데 "처분죄명"에 "주택건설촉진법"으로 되어 있었고 "처분내용"에는 "혐의 없음"으로 되어 있었다.

주택건설촉진법에 해당하는 것이 분명한데도 "혐의 없음"의 처분을 내리는 것이 부당하다고 생각한 나는 11월 9일 항고장을 작성하여 수원지방검찰청 성남지청에 접수시켰다.

그 후 서울고등검찰청 검사실로 출석하라는 항고인 출석요구서를 받고, 12월 5일 오후에 손진영 검사실로 갔다. 검사는 법령집을 보면서 법령위반이 과태료부과 사항이므로 형사 입건이 안 된다는 항고 기각의 이유를 알려 주었다.

제5대 입주자 대표회의

2000년 10월에 제5대 입주자 대표회의가 새로 구성되었고, 10월 6일에는 대표회의 회장과 임원의 동 호수, 성명, 전화번호가 게시판에 공고되었다.

회장은 나와 같은 동에 사는 사람으로서, 동대표로 선출할 때 교직생활을 오래 하고 정년 퇴직한 분이라고 들었고 나와 안면은 없었다. 교직생활을 오래 하였다는 것과 같은 동의 동대표가 회장이 되었다는 점에서 나는 호감을 느끼면서 그를 만나기 위하여 6일 밤 8시 30분에 그의 아파트로 찾아갔다.

벨을 누르자 인터폰으로 누구냐고 묻기에 바로 이웃에 사는 사람이고 회장과 이야기를 나누고 싶어서 왔다고 하자 회장이 현관 밖으로 나와서 찾아온 용건을 물었다.

열량계 사용 문제에 대하여 회장과 이야기를 나누고 싶어서 왔다고 하자 그는 바쁜 일이 있어 이야기를 나눌 수 없다고 거절하였다. 그럼 내일 아침에 만나서 이야기를 나누자고 내가 말하고, 아침 9시경이 어떻겠느냐고 묻자 좋다고 함으로, 아침 9시경에 찾아오겠다고 말하고 집으로 돌아왔다. 집으로 돌아올 때의 나의 마음은 몹시 불쾌하였다.

다음 날 아침 9시에 나는 회장 집으로 찾아갔다. 벨을 눌렀으나 아무런 응답이 없었다. 혹시 아침 산책을 나갔다가 돌아오는 것이 늦지 않나 생각하여 10분을 현관 밖에서 기다려 보았다. 그러나 그는 나타나지 않았다. 집으로 돌아와서 전화를 걸었으나 신호만 가고 받지를 않았다. 9시 30분이 지나 전화를 걸자 응답이 있었는데 무슨 상점이라는 것이었고 회장집이 아니라는 것이었다.

그럴 리가 없다고 생각한 나는 아파트 게시판에 가서 회장집 전화번호를 다시 확인하였으나 내가 전화를 한 번호가 회장집 번호로 공고된 번호에 틀림이 없었다. 관리사무소에서 실수로 회장집 전화번호를 잘못 기입하여 공고할 리는 없고 고의적으로 틀린 전화번호를 공고한 것이라는 생각이 들었다. 그 이유는 입주자의 항의 전화로 시달림을 받은 초대 회장의 예가 있기 때문에, 일부러 틀린 전화번호의 공고를 관리사무소장이 제의하고 회장이 동의하였기 때문에 생긴 일일 가능성이 많았다.

나는 9시 50분에 회장댁에 다시 찾아갔다. 벨을 눌러도 응답이 없었다. 오후 2시를 좀 지나 찾아갔더니 짜장면 그릇 2개가 문 밖에 놓여 있었다. 두 사람이 점심을 시켜 먹고 내놓아 방안에 사람이 있는 것이 분명하였다. 결국 아침에 내가 찾아갔을 때부터 방안에 사람이 있으면서 아무런 응답을 안 한 것이라는 생각이 들었다.

동대표는 동 주민의 애로나 의사를 반영하기 위하여 나온 사람이다. 분명히 내가 그의 이웃이라는 사실을 알고 있으며, 내가 이야기하고자하는 내용이 나 개인의 이익이 아닌 입주자 전체의 이익과 관련된 열량계에 관한 이야기라는 사실을 이미 알고 있으면서, 나와의 대화를 비겁하게 회피하는 그의 행동에 대하여 나는 분노를 느끼지 않을 수 없었다.

더욱이 그는 교직생활을 오래하고 정년 퇴직한 사람인 모양이었는데, 찾아간 이웃을 문전에서 쫓아 버리고, 약속을 하고도 고의적으로 그 약속을 어기고, 집안에 있으면서 거지 쫓아버리듯 나를 쫓아버린 행동은 분명히 과거에 학생을 지도하고 교육한 교육자가 취할 행동이 아닐 뿐만 아니라, 60이 가까워 오는 성숙된 사회인이 10년이나 연장인 나에게 취할 올바른 행동이 아니었다.

나는 열량계 사용을 하여야 한다는 주장 때문에, 삼부 아파트 입주자 대표회의의 역대 회장으로부터 인격적 모욕을 당한 것이 이번이 다섯 번째가 되는 셈이었다. 그러나 한편으로 나는 지금까지의 인생에서 겪어보지도 못하고 상상도 못하였던 체험을 하면서 우리 사회의 현실은 소설보다 더 비합리적이고, 더 비양심적이고, 더 허위적이고, 더 모략적일 수 있다는 것을 깨달았다.

대표회의 회장과의 대화로 열량계 문제를 순리대로 해결해 보려든 나의 희망은 나와의 대화를 고의로 회피하는 회장 때문에 불가능하다는 생각이 들었다. 그러나 나는 10월 14일 대표회의 회장과 각 동대표에게 "열량계 사용에 대한 입주자 대표회의 의결 건의"라는 제목의 건의서를 제출하였는데 그 주요내용은 다음과 같다.

제4대 입주자 대표회의 회장은 금년 1월에 열량계를 사용할 수 없는 세 가지 이유를 들어 열량계 교체 후에 열량계를 사용하는 안을 찬성하도록 입주자를 설득하였습니다. 그 결과 대부분의 입주자가 "추후 열량계 적용"에 찬성하고 본인이 주장한 "당장 열량계 적용"안에 반대하였습니다.

제4대 회장이 주장한 열량계 사용 불가의 세가지 이유는 모두가 진실이 아니며 허위입니다. 입주자 의견조사를 할 당시 나는 1월 25일과 26일에 직접 반상회에 참석하여 열량계에 관한 진실을 설명하였고 나의 이야기를 들은 19통 1반(24명), 8반(21명), 20통 4반(18명)은 모두가 "당장 열량계 적용"안에 찬성하였습니다.

이분들은 열량계 부정조작 방지조치가 완료되어 있다는 것을 자기 눈으로 확인하고 제4대 회장 주장이 거짓말이라는 것을 알은 것입니다. 또한 열량계 교체는 삼부토건에서 합의한 바가 없고, 하자보수기간이 만료된 상황에서 는 불가능하다는 삼부토건 시설하자 담당 황보언씨와의 통화 내용을 설명하자 모두가 열량계 교체가 불가능하다는 사실을 알게 된 것입니다.

1월 24일 통반장 회의에서 나는 열량계에 관한 진실을 알리려고 하였으나 관리사무소장의 설명을 먼저 들은 반장들은 나의 이야기를 들어보려고 하지 않았고, 사회를 맡은 통장은 나에게 10분 내에 이야기를 마치라는 독촉으로 진실을 알리는데 실패하였던 것입니다.

　제4대 회장이 주장한 열량계 사용 불가이유의 세 가지 중
　첫째, 고장이 한 달에 수십개 씩 발생하는 등 계기의 내구성 및 정확성이 결여되어 있다라는 주장은 다음과 같은 이유로 열량계 사용 기피의 이유가 될 수 없습니다.

　1. 열량계의 내구성은 대략 5년으로 보고 있으나 고장 발생률 몇 %까지 쓸 것인가는 경제적 판단이므로 입주자의 의사에 따라 결정할 문제이고 열량계 사용불가의 이유가 될 수 없습니다. 고장은 수리하여 쓰든 가 새로운 열량계로 교체하면 됩니다.

　2. 정확성 결여의 주장은 온도조절기의 고장과 사용불량에 원인이 있는 경우가 대부분이므로 온도조절기의 사용법에 대한 입주자 교육으로 해결이 가능합니다.

　3. 고장이 날 때 수리가 번거로운 것은 사실이나 그 비용은 열량계 적용시의 경제적 이익의 수십 분의 1에 불과하므로 열량계 사용불가의 이유가 될 수 없습니다.

　둘째, 당 아파트의 열량계는 타 아파트의 열량계와는 달리 노출전기식으로 되어 있어 세대에서 누구라도 열량계를 임의로 조작할 수 있어 마음만 먹으면 열량계의 지침 량을 늘리고

줄일 수 있게 되어 있다. 라는 주장은 진실이 아님을 다음과 같은 이유에서 확인할 수 있습 니다.

1. 삼부 아파트에 설치된 대한전선 TCM-95 열량계는 제작 대수가 2만대로서 부정조작 우려에 대한 사용자 불만 아파트는 성남 아파트 뿐이라는 대한전선 AS팀장 답변이었습니다.(032-551-4154 팀장 서종원)

2. TCM-95의 부정조작 방지는 전기 플러그의 고정으로 방지가 가능하며, 삼부 아파트의 경우 대부분의 세대에서 이미 그러한 방지조치가 완료되어 있는 것을 누구든지 쉽게 확인할 수 있습니다.

3. 부정조작은 열량계 점검으로 쉽게 적발이 가능하며 부정조작 적발 실례도 없이 그러한 우려 때문에 열량계를 못 쓴다는 것은 타당한 이유가 될 수 없습니다.

셋째, 당 아파트 열량계는 생산업체서 생산 중단된 기종이므로 연산부의 고장인 경우는 수리가 불가능하며 그 발생 건수는 99년 12월 1일 현재 52건으로 파악되고 있다.라는 주장은 다음과 같은 이유로 진실이 아닙니다.

1. 열량계는 동일 기종을 계속 생산하는 업체가 하나도 없으며 어느 기종이건 일정 수의 생산 후 중단되므로 대한전선 TCM - 95도 2만대 생산 후 중단되었기 때문에 수리 불가능하다는 주장은 아주 잘못된 주장입니다.

2. 열량계 수리 회사 서일전기(011-774-4600 이영호)에 의하면 모든 열량계의 수리가 가능하며 부품이 없을 때는 새로운

열량계로 대체하면 된다고 합니다. 새로운 열량계는 같은 열량 단위(KWH 또는 MWH)면 교체가 가능하고 가격은 12만원이라고 하며, 수리비용은 출장비 1만원, 수리 부품은 최고액이 8만원까지이고 비용은 해당 세대 부담이라고 합니다.

3. 따라서 열량계가 TCM-95 기종이기 때문에 사용이 불가능하다는 주장은 타당성 없는 주장입니다.

열량계 교체에 관하여는 삼부토건 하자담당 황보언 이사(02-3706-2641)에게 확인한 바 하자보수 기간 3년이 경과한 지금 열량계 전량 교체의 요구를 한다는 것은 상식과 이치에 어긋나는 것이라는 답변이었습니다.

따라서 열량계 무상 교체 후에 열량계를 적용하겠다는 약속은 실현성이 없는 주장입니다.

제4대 회장이 주장한 열량계 사용 불가의 이유가 이렇게 부당하였다는 사실이 확인된 이상, 열량계를 당장 적용하여 50% 이상의 난방비를 절약할 수 있도록 하여줄 것을 건의합니다.

10월 17일에 정기 입주자 대표회의가 있어, 나는 그 때 열량계 적용문제를 검토해 줄 것을 대표회의 회장에게 요구하고 회의에 참석하였다. 그 날의 회의는 저녁 7시 30분부터 시작하여 다른 안건에 대한 토의가 모두 끝난 후인 9시 50분에 회장이 나에게 발언 기회를 주고 10분 내에 설명을 끝마쳐 달라고 말하였다.

내가 요구한 것은 열량계 적용에 대한 검토였다.

나는 서면으로 1. 열량계 적용시의 난방비 절감 효과, 2. 열량계 사용기피의 이유, 3. 난방비 격차의 이유와 해결방법을 이미 제출하고, 열량계 적용을 위한 조치를 제시하였기 때문에 그에 대한 검토와 의결을 요구하였던 것이다. 그런데 10분간에 설명을 마치라는 이야기는 나의 건의의 검토를 거부한다는 말과 같은 것이었다.

초대회장, 그 후임회장, 그리고 제2대 회장이 모두 열량계 사용 문제에 대한 나의 건의 사항 설명에 10분간의 시간 밖에 안 주었는데 제5대 회장이 그들과 꼭 같은 행동을 하는 것을 보고 나는 실망과 분노와 좌절감을 다시 느끼지 않을 수 없었다. 10분간에 열량계 사용을 설득할 수는 없었다.

나는 11월 2일과 11월 18일에 다시 열량계 적용문제의 검토를 요구하는 건의서를 대표회의 회장에게 제출하였으나 아무런 응답이 없었다. 공동주택관리령 제10조 제9항에 의하면 입주자의 건의사항에 관한 조치결과를 지체없이 입주자에게 통지하게 되어 있으므로, 회장의 행동은 법령을 위반하는 부당한 것이었다.

12월 4일 관리사무소에서 입주자대표회의 회장이 나를 만나기를 원한다는 연락이 왔다. 11시에 입주자대표회의 회의실에 가서 회장을 만났더니 열량계 사용 문제에 대하여 이야기를 나누자는 것이었다.

나는 나의 건의에 대하여 긍정적 방향으로 검토하자는 제의인줄 알았으나 그것이 아니었다. 얼마 안 있어 총무 담당 동대표와 감사 담당 동대표가 합석하였고, 관리사무소장과 기관(보일러)실 실장이 들어왔다.

그들은 나의 이야기를 들으려고 나를 오라고 한 것이 아니고 그들의 생각을 나에게 전하기 위하여 나를 부른 것이었다. 그 이유는 내가 11월 18일 건의의 마지막 부분에서 다음과 같은 글을 썼기 때문이었다.

> 11월 말까지 열량계 적용 공고가 없을 경우 12월 이후에 나는 두 가지 법적 조치를 강구하겠습니다. 하나는 과태료 부과라는 행정처분의 민원이고, 또 하나는 입주자대표회의를 상대로 한 손해배상의 청구입니다.

감사 담당 동대표와 총무 담당 동대표는 삼부 아파트 열량계는 문제가 있어 못 쓰고 있고 입주자 모두가 평형부과에 불만이 없는데 왜 나 혼자 만이 열량계 사용을 고집하면서 동대표를 골치 아프게 하느냐고 인신공격을 하기 시작하였다.

이들은 가정주부로서 내가 그 동안 제출한 건의문서를 제대로 읽지 않았거나 읽어보았어도 그 내용을 하나도 이해 못하고 있는 것이 분명하였다. 그렇기 때문에 내가 동대표 전원에게 열량계 문제에 대한 설명과 검토의 기회를 마련해 줄 것을 대표회의 회장에게 세 번이나 요청했던 것이다.

나를 비난하고 공격하기 위하여 모인 사람들이 나의 설명을 열린

마음으로 들을 리가 없었다. 2시간에 걸친 논쟁 끝에 회장은 열량계
는 신뢰성이 없어 못 쓴다는 말을 되풀이 주장하였다.

나는 기술적인 문제는 기관(보일러)실 실장과 그 가능성을 검토해
볼 문제라고 제의하고 대화 아닌 논쟁은 결론 없이 끝이 났다.

열량계 적용에 대한 기술적 문제의 토의를 위하여 기관실장이 오
후 2시에 나의 아파트에 오도록 내가 부탁하였는데, 그 시간에 이용
래 기관실장과 김경두 기관실 직원이 함께 나의 아파트에 찾아왔다.

나는 그들에게 온도계가 베란다 창문 밖에 하나, 베란다에 하나,
그리고 거실에 하나 부착되어 있는 것을 보여주고, 싱크대 밑의 난
방온수 배관의 콕이 잠겨져 있는 것을 보여주었다. 그리고 온도조
절기의 붉은 등이 켜있는 상태를 보였다.

온도조절기의 붉은 등이 켜있는 상태는 보일러가 가동될 때 난방
이 되게 하기 위한 조치이고, 난방온수 콕이 잠겨져 있는 것은 보일
러를 가동해도 난방이 안 되게 하기 위한 조치이다. 그런데 온도조
절기의 붉은 등이 켜있더라도 난방온수 콕이 잠겨져 있으면 난방은
안 되게 되어 있다. 12월 4일까지 나는 난방을 전혀 하지않고 지내
고 있다는 것을 그들에게 보여준 것이다.

온도조절기의 등이 켜지게 한 이유는 온도조절기의 고장을 방지
하기 위한 조치이다. 그 이유는 내가 1년 내내 거의 난방을 안하고
지내니까 난방온수 밸브가 닫힌 상태를 유지하여야 하고 그렇게 하
려면 온도조절기 구동부에 작동전원이 작동해야 되는데 계속해서
작동전원이 작동하면 고장이 일어나기 쉬운 것이다. 그런데 붉은

등이 켜 있을 때는 작동전원의 필요 없이 밸브가 열린 상태가 되어 고장이 일어나지 않게 된다. 나의 이러한 설명에 기관실장은 전적인 동감을 표시하였다.

내가 12월에도 난방을 안하고 사는 이유를 설명하기 위하여 나는 4년간의 나의 온도 기록일지를 그들에게 보여주었다. 나의 일지에는 아침 6시와 저녁 6시의 외부 온도와 실내 온도, 그리고 하루의 난방열 사용량이 기록되어 있다. 그런데 1997년 10월부터 2000년 3월까지 3년간 12월 및 1월의 실내 온도는 난방을 거의 안 하고도 21.5도에서 23.5도를 유지한 기록을 그들에게 보여 주었다. 그리고 나는 그들에게 이렇게 설명하였다.

"난방을 안하고 겨울철에 실내 온도를 21.5도에서 23.5도를 유지할 수 있다는 것은 아래층과 위층에서 실내 온도를 26도 이상으로 유지하고 있다는 증거이고 에너지를 낭비하고 있다는 증거입니다. 지역 난방 아파트에서도 난방을 전혀 안하고 지내면 실내 온도는 17도에서 18도를 유지할 수 있습니다.

1998년 12월과 1999년 1월에 아들 내외가 아파트를 비우고 외국에 나가 있게 되어 내가 1주일에 한번씩 화초에 물을 주기 위하여 아들네 아파트에 가 보았습니다. 난방을 전혀 안 하고도 실내온도는 17도 이상을 유지하는 것을 확인하였습니다.

열량계 사용을 안 하는 중앙집중난방의 아파트는 우리 아파트와 마찬가지로 열량계를 사용하는 아파트보다 에너지 낭비를 더 하고 있는데 그 증거는 내가 1998년 12월에 조사한 "단지별 아파트 난방비 비교 분석"(이 책 제2장 참조)에 나타나 있습니다. 열량계 사용을 안하는 아파트는 열량계 사용을 하는 아파트보다 54%의 난방비를 더 부담하고 있는 것입니다.

이렇게 에너지 낭비를 하는 이유는 입주자의 대부분이 온도조절기의 사용법을 잘 모르고, 그 중 약 10%는 온도조절기를 "열림" (OPEN)위치에 놓고 있기 때문입니다. 그리고 온도조절기가 고장인 경우는 난방 온수 콕을 대신 사용하면 되는데 그 사용법을 모르고 있고 또 알려는 관심도 없는 것입니다.

내가 3개월만이라도 좋으니 당장 열량계를 사용하자고 주장하는 이유는 입주자 모두에게 온도조절기의 사용법을 계몽하기 위한 것입니다. 1997년 3월에 나는 같은 엘리베이터를 이용하는 30세대 중 하루에 난방열을 100kwh 이상 사용하는 15세대에 대하여 온도조절기의 사용방법을 설명한 결과 모두가 열 사용량이 50%이상 감소하였고 전체 난방열 사용량 감소는 60%에 달했습니다."(이 책 제2장 참조)

내가 이렇게 말하자 기관실장이 "입주자에 대한 온도조절기 사용 계몽은 열량계 사용을 안 하여도 가능한 것 아닙니까?"라고 말하였다.

"내가 1997년 11월과 1998년 2월에 통반장회의에 참석하여 온도조절기 사용방법에 대하여 설명하였으나 귀담아 듣는 사람은 3분의 1도 안 되었어요.

자기와 직접 이해관계가 없다고 생각하면 관심을 안 가지는 것이 한국사람입니다. 열량계를 적용해서 자기 호주머니와 직접 상관이 있다고 생각해야 열심히 듣게 되기 때문에 내가 열량계 사용을 주장하는 겁니다."라고 말하였다.

"열량계 사용의 필요성은 인정하지만 열량계의 고장이 많고 신뢰성이 없어 열량계 사용을 못하는 것 아닙니까?"라고 기관실장이 말했는데 나는 다음과 같이 대답하였다.

"지역난방 아파트에서도 열량계 고장은 수시로 일어납니다. 그러한 때에는 거주하는 동의 평균 난방비를 적용하든가 거주하는 층의 평균 난방비를 적용하든가 하는 방법으로 해결하고 있는 것입니다.

우리 아파트의 열량계 고장이 현재 10%가 넘기 때문에 열량계 사용을 못한다는 것은 이치에 안 맞습니다. 열량계를 2개월만 쓰고 그후 3년 이상 안 쓰고 방치하였으니 고장이 많은 것은 당연합니다. 그러나 고장은 수리하면 됩니다.

가령 열량계가 20%가 고장이라도 당장 열량계를 적용하는데 문제가 안 됩니다. 그 이유는 현재 100%의 입주자가 평균 난방비를 부담하고 있는 것이 문제가 안 되고 있는데, 입주자중 20%가 평균 난방비를 부담하는 것은 외 문제가 됩니까? 그것이 싫은 세대는 당장 열량계를 수리하면 됩니다.

열량계를 적용하면서 온도조절기의 사용방법과 난방방법을 입주자에게 계몽하면 난방비는 50% 이상 감소하게 되어 있는 겁니다. 그렇게 되면 입주자는 고장난 열량계를 자진해서 수리하게 될 것입니다.

열량계를 사용하면 보일러실 근무자의 업무량이 증가하는 것은 사실입니다. 업무량이 증가하여 근무자의 추가가 필요한 때는 더 고용하면 됩니다. 추가되는 인건비는 절약되는 난방의 10분의 1도 안 됩니다.

여러분이 삼부 아파트에서 열량계를 적용하는데 기술적으로 문제 될 것이 없다는 사실을 관리사무소장과 대표회의 회장에게 잘 납득시켜 주기를 부탁합니다."

보일러실 근무자와의 대화와 상호 이해는 쉽게 이루어졌는데 그들이 열량계 사용에 관련된 문제의 본질을 잘 알고 있었기 때문이었고 나의 의견을 귀담아 들으려고 하였기 때문이다.

그러나 대표회의 회장, 총무, 감사, 그리고 관리사무소장은 열량계 자체에 대한 지식의 부족과 잘 못된 선입감을 가지고 나의 의견을 아예 들으려고도 하지 않음으로서 2시간의 논쟁만 하였던 것이다.

입주자대표회의실에서의 2시간의 논쟁과 기관실 직원과의 2시간의 대화 후에 피로를 느껴 나는 혈압을 재어 보았다. 놀랍게도 혈압이 226/190으로 나타났다. 노인들이 분노하거나 흥분해서 뇌졸중으로 쓰러지는 경우가 이러한 상황에서 생긴다는 것을 나는 깨달았다.

나는 열량계 사용 설득에 대한 집착을 이제 버려야 하겠다는 생각을 하였다. 만 4년간에 내가 할 수 있는 모든 노력은 다 해 본 셈이었다. 나머지 방법은 과태료부과라는 행정처분을 통한 강제적 설득 방법만이 남은 것이었다.

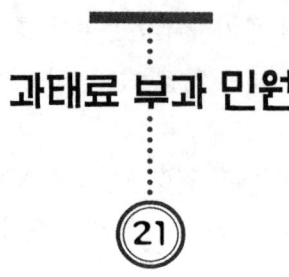

과태료 부과 민원

제5대 입주자 대표회의가 나의 건의를 묵살하고 아무런 응답을 안 하자 11월 27일 나는 "법령위반에 대한 과태료 부과 민원"을 성남시장(감사 담당관) 앞으로 제출하였다.

민원 제출의 근거는 다음과 같이 기술하였다.

"공동주택관리령을 위반하였을 때는 주택건설촉진법 제52조의 3(과태료) 제1항 제3호에 의거하여 500만원 이하의 과태료를 처하게 되어 있으며, 과태료는 주택건설촉진법 제38조 제2항에 의거 시장 등이 부과하게 되어 있습니다. 이상과 같은 법규정에 근거하여 열량계가 설치되어 있음에도 불구하고 난방비를 열량계에 의거하여 부여하지 않음으로써 공동주택 관리령 제15조 제1항 제6호를 위반하고 있는 삼부 아파트 입주자 대표회의 및 관리사무소장에 대하여 주택건설촉진법 제52조의 3, 제1항 제3호에 의거한 과태료를 부과하여 주실 것을 요청합니다."

첨부 문서로는 제5대 입주자 대표회의에 제출한 3차의 건의문서와 1. 열량계 적용시의 난방비 절감효과, 2. 열량계 사용기피의 이유, 3. 난방비 격차의 원인과 해결방법을 제출하여 왜 과태료부과가 필요한지의 설명과 타당성의 근거를 제시하였다.

과태료 부과의 민원은 감사담당관 소관으로 민원실에 접수시켰는데 12월 12일 주택과에서 민원 회신이 발송된 것을 보고 과태료 부과의 담당 부서가 주택과임을 알 수 있었다. 그런데 그 회신은 다음과 같이 과태료 부과를 거부하는 내용으로 되어 있었다.

1. 삼부아파트 난방비 부과방식 시정 요청 건은 동일 건에 대하여 수 차례 민원을 제기한 사항으로 그 동안 우리 시에서는 입주민과 원만히 해결될 수 있도록 중재하여 난방비 부과방식에 대하여 주민 찬반 의견을 수렴, 그 결과에 따를 것을 합의하여 현행방식으로 난방비가 부과되고 있는 상태입니다.

2. 우리 시 입장에서는 공동주택관리령에서 난방비를 열량계로 부과토록 되어 있다 하여 고장 등의 사유로 주민 다수가

찬성하여 시행하고 있는 사항에 대하여 공동주택관리를 소홀히 하였다고 판단할 수 없습니다.

　3. 공동주택관리는 주민 자율로 운영토록 법령상의 규제를 완화해 가고 있는 추세에서 행정부서에서 규제하는 행위는 가급적 피하는 것이 바람직할 것으로 판단됩니다.

　주택과 담당자는 공동주택관리령 제15조 제1항 제6호의 존재와 유효성은 철저하게 무시하고 주관적 법령 해석에 근거하여 동문서답식 회신을 보내온 것이다.

　내가 1999년 10월에 열량계 적용에 대한 도움을 요청하러 성남시 주택과에 갔을 때 담당자는 열량계 사용문제가 자기 직무 소관사항이 아니니 산업자원부 에너지관리과로 가라고 하였었다.

　그것은 그가 자기의 기본적 직무내용도 파악하고 있지 못하고 있었다는 증거였다. 그 후 그는 나의 세 번에 걸친 민원에서 법령위반자의 편에 서서 부당한 민원처리를 하였는데 그 내용은 이 책의 "15. 성남시 주택과에 대한 건의"와 "18. 이상한 민원처리"에서 자세히 설명한 바 있다. 그런데 그 후임자도 전임자와 마찬가지로 열량계 사용에 대한 잘못된 지식과 선입감을 가지고 부당한 민원처리를 반복하고 있으니 참으로 답답한 일이었다.

　담당자의 민원처리가 부당한 이유는 다음과 같다.
　첫째, 공무원의 업무처리의 근거와 기준은 법과 규정과 규칙일 것이다. 그런데 주택과 담당자는 법에 근거한 업무처리 대신 자기의 임의적 판단에 따른 업무처리를 고집하였다.

삼부 아파트에서 열량계 적용을 안 하는 것이 법령위반이라는 사실을 안 이상 과태료 부과는 담당 공무원이 취하여야 할 직무이고 책임이다. 과태료의 액수를 얼마로 할 것인가는 담당 공무원의 재량에 속한 것이겠지만 법 위반 자체를 허용하고 옹호하는 행위는 월권행위거나 직무유기거나 직무태만이거나에 해당하는 행위라고 나는 생각하였다.

둘째, 공무원은 정부시책을 실천하는데 앞장서서 그 실천을 장려하여야 할 도의적 책임이 있다. 그런데 에너지 절약을 위해 열량계를 사용하여야 한다는 정부 시책을 국민에게 홍보하고 장려하여야 할 입장에 있는 주택과 담당자가 반대로 열량계 사용을 주장하는 민원인의 건의는 모두 묵살하고 법령위반자의 행위를 정당하다고 옹호하는 행위는 지탄을 받아야 할 행위라고 생각하였다.

셋째, 공무원은 민원처리에 있어 객관적 사실에 입각하여 공정한 판단을 하여야 할 것이다. 그런데 주택과 담당자는 객관적 사실확인의 노력은 전혀 안 하고 법령위반자의 일방적 주장 만을 듣고, 민원인이 제출한 부첨 자료의 내용은 완전히 무시하고, 자기의 주관적 판단에 근거하여 민원 처리를 한 것이었다.

이상과 같이 담당자의 민원 처리가 부당하다고 생각한 나는 2000년 12월 9일에 성남시 주택과장과 담당자 앞으로 "민원 회신의 오류 지적 및 열량계 사용 설득 건의"라는 제목의 문서를 내용증명으로 발송하였다.

나는 담당자의 회신에서 잘못된 점을 지적하고 다시 한번 열량계 사용을 삼부 아파트 입주자 대표회의 회장과 관리사무소장에게 설득하여 줄 것을 간청하였다.

나의 건의를 담당자가 수락할 가능성이 없다고 생각한 나는 12월 12일 주택과장을 찾아갔다.

열량계 사용을 설득하기 위한 그 동안의 나의 노력의 과정을 설명하고 삼부 아파트 관리사무소장에게 주택과장이 전화 한 통화만 하여주면 문제가 간단히 해결될 것 같으니, 열량계 사용을 권고하고 권고에 불응할 때 과태료부과가 불가피하다는 법령시행 의지를 표시해 달라고 부탁하였다.

나의 요청에 대하여 주택과장은 입주자 대표회의에서 동대표 전원에게 내가 열량계 사용을 설득하는 기회를 마련해 주겠다는 제의를 하였다. 나의 설득보다 주택과장의 법령 시행 의지를 나타내는 것이 더 효과적일 것이라고 전화 통화를 거듭 부탁하였으나 과장은 내가 직접 설득하는 방안을 다시 권하였다.

나는 담당자가 설득 장소에 직접 참석하여 줄 것을 요구하면서 과장 제의를 수락하였다.

과장은 담당자가 12월 13일의 입주자 대표회의에 직접 참석할 것과 열량계에 대하여 잘 아는 전문가를 불러 같이 갈 것을 지시하였다.

12월 12일 밤까지 나는 다음 날 동대표에게 배포할 참고 자료를 컴퓨터 프린터를 이용하여 인쇄하였다.

나는 입주자 대표회의에서 열량계를 1월부터 3월까지 3개월만 시행해 볼 것을 제의할 생각이었다. 3개월 시행하여 보고 열량계가 신뢰성이 없으면 전면 교체를 하든가 고장난 열량계만 부분 교체하든가의 방법은 입주자 의견에 따라 결정하면 되는 것이었다.

내가 열량계 사용을 주장하는 이유는 입주자에게 온도조절기의 사용법을 계몽하는 것이 첫째 목적이었다. 입주자가 온도조절기의 사용법을 알고 난방비 절약에 관심을 가질 때 난방비는 50% 이상 절약된다는 증거를 제시하려고 하였다.

두번째는 열량계 사용에 따른 민원 문제의 해결 방법을 설명하려고 하였다.

세번째는 가난한 사람의 사정을 고려하여 난방비를 절약할 수 있는 수단을 그들에게 돌려주고, 난방비를 최소로 절감할 수 있는 방법으로 나의 난방방법을 알려주려고 하였다.

그러나 13일 오후에 내가 담당자에게 전화로 확인하였더니 담당자가 삼부 아파트에 올 필요가 없다고 참석을 거절하는 것이었다.

그 이유는 주택과 계장이 삼부 아파트를 방문하여 알아보니 열량계 고장이 150대가 넘어 열량계 사용이 불가능하기 때문에 담당자가 올 필요가 없다는 것이었다.

담당자는 12일의 과장의 지시를 일방적으로 어기는 행동을 하였는데 공무원의 근무기강이 그래도 되는 건지 의문이 생겼다. 그리고 내가 전날 약속대로 와달라고 재차 부탁하는 것도 거절하였는데 담당자의 근무자세에는 전혀 성실성이 없다는 것을 알 수 있었다.

주택과장이 나에게 입주자 대표회의에서 설명할 기회를 주고, 담당자와 열량계 전문가가 같이 참석하여 토의과정에서 객관적이고 공정한 의견을 제시하여 문제해결에 도움을 주려고 한 판단을 나는 고맙게 생각하였었다.

나에게 충분한 설명 시간을 주고 담당자가 열량계 사용을 동대표에게 권고하는 협조를 할 때 나는 동대표들을 설득할 수 있을 것으로 기대하여 그 전날 늦게까지 회의 참고자료를 준비했던 것이다. 제5대 입주자 대표회의의 동 대표들을 마지막으로 설득하려던 나의 생각은 주택과 담당자의 비협조로 불가능하게 된 것이었다.

2000년 12월 19일 일자로 성남시 주택과로부터 민원 회신이 배달되었다. 그 내용은 다음과 같았다.

> 삼부 아파트 경우와 같이 열량계 다수 고장(2000년 12월 10일 조사결과 전체세대의 19%가 해당됨)으로 주민들 간에 논란이 있는 상태에서 난방비 부과 방법은 주민 자율의사에 따라 결정되어야 하며 행정기관에서 강제하기는 어려운 사항임을 이해하여 주시기 바랍니다.

나는 이상 회신을 도저히 이해할 수 없을 뿐 아니라 전적으로 부당한 민원처리라고 생각하였는데 그 이유는 다음과 같다.

첫째, 난방비 부과 방법은 열량계가 설치되어 있는 이상 공동주택관리령 제15조 제1항 제6호에 의하여 반드시 열량계에 의하여 부과하게 되어 있다. 그런데 담당자가 주민 자율 의사에 따라 결정되어야 한다고 주장하는 것은 법규정을 위반하는 주장이다.

둘째, 난방비 부과방법은 행정기관에서 강제하기 어려운 사항이 아니라 공동주택관리령 위반 사항으로 주택건설촉진법 제38조 제2항에 의거 시장이 주택건설촉진법 제52조의 3(과태료) 제1항 제3호에 따를 과태료 부과로 강제하도록 규정되어 있는 사항이다. 담당자는 이 법규정을 어기는 업무처리를 하면서 그것이 정당하다고 주장하고 있다.

셋째, 열량계 다수고장(전체의 19%)은 법령위반자인 관리사무소장이 제시한 숫자이다. 담당자는 그 숫자의 진실성이나 정확성 여부의 확인은 전혀 아니하고 법령위반자의 주장의 대변인 노릇을 하고 있다. 고장대수를 업무처리의 기준으로 하려면 열량계 수리회사의 조사결과를 근거로 하여야 마땅하다.

관리사무소장이 주택과에 제시한 열량계 고장은 부동 90대, 속동 38대, 미동 30대 합계 158대였다. 그런데 부동, 속동, 미동 등의 고장 구분자체가 애매하고 임의적인 것이었다.

나는 12월 14일 삼부 아파트 834세대의 열량계를 7시간 이상 걸려 조사하였다. 조사 결과 열량계 숫자 표시 판에 아무런 숫자 없이 공백인 것이 55대, 숫자가 5,000kwh 이하로 표시되는 것이 40대, 숫자가 00143과 같이 100단위 이하로 표시되는 것이 7대, 숫자가 0000000과 같이 0만 나타나는 것이 4대, 합계 고장은 106대였다. 관리사무소장이 제시한 고장 대수보다 52대가 적었다.

나는 12월 16일 보일러실에 가서 열량계의 고장 대수기록을 알아보았다. 2000년 2월에 46대, 3월 41대, 4월 67대, 5월 87대, 6월 51대, 7월 85대, 8월 105대, 9월 80대, 10월 63대, 11월 90대로 되어 있었다. 그런데 12월 고장이 158대라는 것은 과장된 숫자라는 것이 분명하였다.

이상 세 가지 조사 결과로 보아 정확한 고장 대수는 열량계 수리회사의 조사로 확인할 사항이라는 것을 알 수 있다.

넷째, 열량계 고장 대수가 10%이건 20%이건 그것이 열량계 사용 기피의 정당한 이유가 될 수 없다. 고장은 수리하면 되고 수리 못하는 것은 새것으로 교체하면 된다.

적산 열량계는 다른 계량기와 달라 고장이 비교적 많이 발생하는 계량기이다. 삼부 아파트에 설치한 대한전선 TCM - 95의 경우 500대 기준 매월 2대 내지 4대의 고장이 나는 것으로 애프터서비스 회사에서 알려준 바 있다. 삼부 아파트에서 그 동안 열량계를 사용하지도 않고 수리도 제대로 아니 하였으니 고장 대수가 많은 것은 당연하다.

다섯째, 열량계 고장대수가 관리사무소장 주장대로 19%라고 인정하고 고장수리를 안 한 상태에서도 열량계 사용에는 아무런 지장이 없다. 열량계 고장인 세대의 난방비는 거주 동의 평균 난방비를 적용하던가 동일 평형의 전체 평균 난방비를 적용하면 된다.

열량계를 적용할 때 온도조절기의 사용방법과 난방방법을 계몽하면 난방비는 반드시 50% 이하로 감소하게 되어 있다.

열량계 고장으로 평균 난방비를 내게 되는 입주자의 난방비가

50% 이하로 감소될 때 열량계 적용에 따른 민원이 생길 리가 없다. 열량계 고장인 세대에 대하여 열량계 수리를 설득하는 것은 열량계 적용을 하면서 그 이득을 이해시킨 후에 하는 것이 더 효과적일 수 있는 것이다.

열량계를 사용하지 아니하여 법령을 위반하고 있는데도 담당자가 과태료 부과의 직무를 수행하지 않을 때 어떤 조치가 가능한가를 건설교통부 주택관리과 법규 담당자에게 내가 1999년 11월에 문의하였을 때 그는 직무유기나 직무태만으로 처벌을 받게 할 수가 있다고 말하였다.

도변호사도 직무유기로 고발할 수 있다고 말하였으므로, 형법 제122조를 찾아보았더니 "공무원이 정당한 이유 없이 그 직무수행을 거부하거나 그 직무를 유기한 때에는 1년 이하의 징역이나 금고 또는 3년 이하의 자격정지에 처한다."로 되어 있었다.

법률구조공단에 전화로 알아본 결과는 해당 공무원의 업무처리의 부당성을 행정자치부에 민원으로 제출하여 시정하게 할 수 있다고 말하였다.

주택과 담당자의 업무처리가 부당하다고 그 책임을 추궁하고 그를 처벌하게 하는 것은 본래의 나의 목적과는 다른 것이다. 나는 과태료부과를 열량계 사용 설득의 방편으로 이용하기를 바란 것이지 과태료 부과 자체가 목적이 아니었다. 그러므로 나는 과태료부과의 민원이 거부된 것을 마지막으로 열량계 사용 설득을 위한 나의 노력에 종지부를 찍기로 하였다.

1996년 12월 23일부터 2000년 12월 22일까지 만 4년간 열량계 사용 설득을 위한 나의 노력의 주요 사건은 다음과 같다.

1. 1996년 12월 23일 관리사무소장 설득 – 1997년 1월부터 열량계 사용 합의(1997년 1월과 2월 난방비 절감 약 30%)
   1997년 1월 제1대 입주자 대표회의 구성 – 난방비 평당부과 불법의결
2. 평당부과의 불법성 지적 열량계 사용 건의 – 15회(제1대 대표회의에서 제5대 대표회의까지, 매 대표회의에 3회 서면 건의)
3. 손해배상 소송 – 2회(제1대 대표회의 회장 2명 및 제3대 대표회의 임원 5명 상대) 패소
4. 산업자원부 에너지관리과에 건의 – 1회(타당성 인정, 요구대로 지시)
5. 건설교통부 주택관리과에 건의 – 1회(타당성 인정, 요구대로 지시)
6. 성남시 주택과에 건의 – 3회(건의와 정반대 조치)
7. 에너지 관리공단에 건의 – 2회(부분적 협조)
8. 법령위반자 고발 및 항고 – (제4대 대표회의 회장 및 관리사무소장, 불기소처분 및 기각)
9. 과태료부과 민원 – 부과 거부

열량계 사용의 설득을 위하여 나는 4년동안 내가 생각할 수 있는 모든 방법을 써 보았지만 결국 실패한 것이다. 그렇다고 좌절하여 포기할 수는 없다고 생각하였다.

열량계 사용 설득에 시간은 걸리겠지만 책을 통하여 설득하는 방법이 있는 것이다.

이 책의 제2장과 제3장의 내용이 알려질 때 많은 사람이 열량계에 대한 올바른 지식을 갖게 될 것이고 난방방법에 대한 잘못된 습관을 고치게 될 것이다. 또한 많은 사람이 경제적 이득과 건강상의 혜택을 얻게 될 것이다.

KBS 텔레비전 뉴스 방송

22

KBS 1TV에서는 2000년 1월 15일 저녁 뉴스에서 전국 아파트에 설치된 열량계가 110만이고, 그 중 중앙집중난방 아파트에 설치된 것이 50만인데 그 대부분이 사용이 안 되어 무용지물이 되고 있다는 보도를 하였다. 그리고 무용지물이 되고 있는 열량계 설치에 20만원 이상이 소요되어 아파트 입주자에게 추가적인 손해를 입히고 있다고 보도한 것이다.

삼부 아파트의 관리사무소장은 이 방송 내용을 녹화하였다가 입주자 대표회의의 동대표와 통반장에게 보여주어 열량계 사용 기피의 정당성을 설득하는데 이용하였고, 나의 열량계 사용 주장을 반박하는데 이용하였다.

다시 말하여 삼부 아파트에서 열량계를 사용하지 않는 것은 열량계 사용에 문제가 많기 때문이며 그 증거는 열량계를 설치한 중앙 집중난방 아파트의 대부분이 열량계 사용을 못하고 있다는 KBS방송으로 입증이 된다는 것이었다.

이러한 실정인데도 삼부 아파트에서 열량계 사용을 끈질기게 주장하는 사람은 나 혼자 뿐이며, 나의 주장이 옳지 않다는 것은 두 번의 손해배상소송에서 내가 패소한 사실로서 입증이 된다는 것이었다.

관리사무소장의 이러한 주장을 들은 동 대표와 반장들은 관리사무소장의 주장이 옳다고 생각하게 된 것이다. 그들은 내가 아무리 열량계 사용이 법적 규정 사항이고, 난방비를 50% 이상 절약할 수 있는 증거와 합리적 이유를 설명하여도 귀담아 들으려고 하지 않게 된 것이다.

입주자 뿐 아니라 성남시청의 주택과 담당자도 관리사무소장의 주장이 옳다고 인정하여 내가 민원으로 제출한 건의서의 내용은 읽어보지도 않고, 나의 구두 설명은 들으려고 하지 않는 것이었다. 그리하여 나의 민원 건의를 거부하는 부당한 민원처리를 해 온 것이었다.

KBS 텔레비전 방송에서 중앙집중난방 아파트에 설치된 열량계가 대부분 사용이 안 되고 있다는 문제점만 강조하지 않고, 열량계를 사용함으로써 사용 전보다 난방비를 30% 절감하게 된 대전의 한빛 아파트라든가, 열량계 사용으로 열량계 사용을 안 하는 아파트보다 23%의 난방비를 적게 부담하고 있는 수원의 우만 선경 아파트의 예를 같이 보도하였다면, 삼부 아파트 관리사무소장이 열량계 사용 기피를 합리화하는데 KBS 방송을 아전인수격으로 이용하는 것이 불가능하였을 것이었다. 그러나 당시의 취재 기자가 열량계 사용의 성공 사례를 몰랐기 때문에 방송에 포함하지 못한 것으로 생각되었다.

나는 열량계 사용을 설득하는데 4년이라는 세월을 애썼는데도 실패하였다. 그러나 KBS에서 진실을 올바르게 취재하여 방송하면 문제가 쉽게 해결될 수 있을 것으로 나는 생각하였다.

KBS 1TV에서 저녁 6시 55분부터 5분간 방송하는 "우리 사는 세상"이라는 프로그램이 있다.

인터넷에서 프로그램 소개한 것을 보면 "잘못된 고정관념과 관행, 우리 사회를 좀 더 합리적으로 바꿀 수 있지 않을까하는 시청자의 주장을 그대로 담아 냅니다"라고 되어 있다.

관리사무소장들이 열량계 사용을 기피하는 것은 잘못된 고정관념과 관행 때문이다. 그러나 자기의 업무상 편이보다 입주자의 이익을 중요시하는 일부 관리사무소장들은 그러한 고정관념과 관행을 깨고 열량계를 사용함으로써 난방비를 30% 이상 절감하고 있는 것이다.

삼부 아파트에서는 세 사람의 관리사무소장들이 열량계 사용을 제대로 시행해 보지도 않고 진실이 아닌 여러 가지 이유를 내세워 열량계 사용을 기피하는 현상을 내가 체험하였는데 그것은 잘못된 고정관념과 관행의 본보기라고 나는 생각하였다. 그러므로 "우리 사는 세상" 프로그램을 통하여 그러한 잘못을 지적하여 시정할 수 있을 것으로 나는 생각하였다.

  2001년 1월 29일에 나는 "시청자 칼럼, 우리 사는 세상"에 전화를 하였다. 담당자에게 열량계 사용 기피의 실상과 그 부당성 그리고 나의 설득 노력의 내용을 설명하였다. 그러나 담당자는 열량계와 온도조절기가 어떤 것인지 잘 모르고 있었고 아파트 난방비의 절감 문제에 대한 설명을 잘 이해를 못하는 것 같았다.
  전화로는 설명이 불충분하므로 KBS에 내가 직접 가서 설명을 하겠다고 해도 거절하였는데 전화로 설명이 불가능한 복잡한 문제 같으면 5분간의 "우리 사는 세상" 프로그램에서 취급하기에는 부적절한 문제라고 생각하는 것 같았다.
  2월 3일에 방송의 취재 여부를 알려주겠다고 약속한대로 전화가 왔는데 "우리 사는 세상" 프로그램에 채택할 수 없다는 것이었다. 열량계 문제의 내용이 프로그램의 성격과 맞지 않고 5분이라는 시간 내에 다루기에는 복잡한 문제라고 판단한 모양이었다.

  KBS 텔레비전 방송국에서 열량계 사용문제를 취재하여 보도하게 하는 방법을 궁리하던 중 나는 KBS 아나운서로서 미국 특파원을 지낸 적이 있는 김기덕씨 생각이 났다.
  2001년 1월 26일에 그에게 전화를 하여 KBS 텔레비전 방송국에 열량계 사용에 관한 보도 취재를 하도록 주선하여 줄 것을 부탁하였다. 그는 보도국장에게 부탁을 하였으니 연락이 갈 것이라고 알려주었으나 2주일이 지나도 아무런 연락이 없었다.

KBS의 연락을 기다리는 가운데 KBS 텔레비전에서 아나운서를 하였고 지금은 프리랜서로 활약하고 있는 손범수 생각이 났다.

그의 부친인 손호인 장군에게 전화를 하여 KBS 기자 중 손범수가 아는 사람이 있을 테니 열량계에 관한 취재를 하도록 하여 달라는 부탁을 하였다. 2월 15일 밤에 손범수에게서 전화가 왔는데 자기 친구인 정종철 기자에게 부탁을 하였으니 연락이 있을 거라는 이야기였다.

2월 19일에 김기덕씨로부터 전화가 왔는데 방송 취재문제는 보도국장 유균씨가 김형태 사회 2부장에게 연락을 하였으니 사회 2부장에게 가 보라는 것이었다.

취재 내용 설명을 위해 사회 2부장에게 갈 것이냐 기동취재부 정종철 기자에게 갈 것이냐를 생각 끝에 나는 취재 기자에게 직접 설명하는 것이 편할 것이라고 생각하였다.

2월 20일 나는 KBS로 정종철 기자를 찾아가서 약 1시간에 걸쳐 열량계 사용을 위한 그 동안의 나의 노력의 과정을 설명하였다.

그는 내가 가져간 자료 중 필요한 것을 복사 후 다시 연락을 하겠다고 말하였다.

2월 26일 정종철 기자로부터 전화가 왔는데 열량계 문제의 내용을 검토한 결과 그 내용의 성격이 기동취재부에서 다룰 것이 아니라 경제부에서 다룰 문제이므로 경제부 이창룡 기자에게 취재를 부탁하고 자료도 모두 인계하였다는 것이었다.

이창룡 기자하고는 3월 6일에 통화를 하였는데 그 동안 너무 바빠서 연락을 못 하였다는 것이었다.

3월 이후에는 날씨가 따뜻해져서 난방에 관한 방송의 이의가 없어짐으로 가능하면 빨리 취재하여 방송할 것을 내가 부탁하였는데 그도 마찬가지 생각이라고 하였다. 그러나 그는 실제로 많이 바쁜 것 같았다.

3월 13일에 그를 만났을 때는 밤 10시가 지나서였고 11시까지 이야기를 나누다가 헤어졌으니 그가 집에 돌아갔을 때는 밤 12시가 넘었을 것이었다. 내가 성남의 집으로 돌아온 것은 밤 12시 40분이었다.

이창룡 기자와 사진 촬영 기사가 3월 23일 오후에 취재를 위하여 나의 집으로 와서 1시간 30분 동안 취재를 하였다.

취재활동에서 이창룡 기자가 확인하고 사진을 촬영한 사항은 네 가지였다. 첫째가 열량계의 부정조작 방지조치였는데, 열량계의 전기 플러그의 위치가 깊숙한 곳에 있어 손을 대기 힘들게 되어 있는 상황과 실리콘으로 고정시켜 놓아 부정조작이 불가능하게 되어 있는 상태를 확인하고 사진을 찍었다.

둘째는 열량계의 위치와 숫자 표시 판의 확인이었는데 나의 집 열량계 표시는 4,200여kwh였고 나의 맞은편 집의 열량계 표시는 73,400여kwh로서 18배의 차이를 보이고 있는 상태를 확인하고 사진을 촬영하였다. 그리고 난방열 사용에 그러한 차이가 남에도 불구하고 꼭 같은 난방비를 부담하는 평당부과의 부당성을 확인하였다.

셋째는 온도조절기의 설치 상태를 사진 찍고, 온도조절기의 사용 방법을 입주자들이 잘 모르고 있는 내용을 확인하였다.

넷째는 25평형에 부착된 열량계의 위치와 고장난 열량계의 상태를 확인하고 사진을 찍었다.

3월 24일 오전에 이창룡 기자로부터 수원의 우만 선경 아파트로 찾아가는 길과, 한국 에너지관리공단으로 찾아가는 길에 대한 문의 전화가 있었는데 열량계에 관한 취재를 위하여 그가 그곳을 방문하고 있음을 알 수 있었다.

열량계에 대한 취재가 3월 24일로 끝이 났을텐데 그후 방송을 언제 하는지의 통보가 없었다.

이창룡 기자에게 전화로 확인하였더니 3월31일 토요일 저녁 뉴스 시간에 방송하도록 요구해 놓았다는 답변이었다.

그 날 뉴스 시간에 방송을 기다렸으나 열량계 문제는 방송이 안 되었다. 방송의 우선 순위에서 열량계 문제는 뒤로 밀려난 모양이었다.

추위가 다 지나간 3월 말에는 난방에 관한 관심이 없어져서 열량계 사용 문제가 뉴스로서의 가치가 떨어져 방송이 힘들게 될 것이라는 나의 예측이 적중한 것 같았다.

사람이 개를 물면 뉴스 대상이 되지만 개가 사람을 물면 뉴스 대상이 안 되는 것과 같이, 50만대의 열량계를 설치해 놓고 안 쓰는 것은 뉴스 대상이 되지만, 50만대의 열량계 중 사용되고 있는 사례는 뉴스로서의 가치가 없기 때문에 방송이 안되었을 것이라고 생각되었다.

　설치한 열량계를 사용하는 것은 당연하고 그로 인하여 난방비의 절감이 되는 것도 당연한데 그러한 아파트의 존재를 보도해 달라는 나의 요구가 뉴스를 취급하는 사람의 입장에서는 적절하지 않은 것으로 인정된 모양이었다.

　결국 텔레비전 방송을 통하여 열량계 사용의 설득을 하고자 한 나의 노력도 다른 노력과 마찬가지로 실패한 것이었다.

제  장

중앙집중난방 아파트의 열량 적용방법

(난방비 50% 절감방법)

열량계 사용 기피의 현황과 그 이유

1

2000년 1월 15일 KBS 1TV 뉴스 시간에 중앙집중난방 아파트에 설치된 50만 가구의 열량계가 대부분 사용이 안 되어 무용지물이 되고 있다는 보도가 있었다.

우리 나라는 에너지 소비의 97% 이상을 수입하고 있으며, 국제수지 개선을 위하여서라도 최대 수입품인 에너지를 절약할 필요가 있다. 따라서 정부는 1991년 3월에 주택건설기준 등에 관한 규정 제37조 제3항에 의거 중앙집중 난방방식의 모든 공동주택에는 난방열량을 계량하는 열량계와 난방온도를 조절하는 장치를 설치하도록 한 것이다.

그리고 1998년 12월에는 공동주택의 관리비 중 난방비는 열량계 등의 계량에 의하여 산정하도록 공동주택관리령 제15조 제1항 제6

호가 개정되었고, 이 규정을 위반하였을 때는 주택건설촉진법 제52조의 3 제1항 제3호의 규정에 의하여 500만원 이하의 과태료를 부과하도록 된 것이다. 열량계 사용을 권장하기 위한 이러한 법적 조치에도 불구하고 50만대의 열량계가 사용이 안 되고 있는 상황은 왜 일어나고 있는지를 살펴보기로 한다.

내가 1996년 9월에 성남의 삼부 아파트에 입주하여 11월에 관리사무소장에게 열량계 사용을 안하는 이유를 물었을 때, 그는 지역난방의 경우는 난방 온수가 24시간 계속 공급되지만 중앙난방인 경우는 난방온수가 간헐적으로 공급되기 때문에 불가능하다는 답변을 하였다.

그러나 그것은 이론적으로 올바른 이유가 될 수 없는 것이며 구실에 불과하였다. 24시간 난방온수가 공급된다고 계속 난방을 하는 세대는 없으며 자기가 필요한 만큼만 간헐적으로 난방을 하게되는데 열량계는 그 때 사용한 열량을 표시해 줄뿐이므로 지역난방이건 중앙난방이건 차이가 있을 수 없다.

중앙집중난방 아파트에서 열량계가 사용되지 않는 이유는 아파트 관리사무소장이 열량계 사용을 기피하고 있기 때문이다.

관리사무소장들이 열량계적용을 기피하는 이유는 열량계를 적용할 때 업무량이 증가하여 귀찮고, 골치 아픈 민원이 발생할 때 그에 대한 해결방법을 모르기 때문이다.

업무량이 증가하는 이유는 열량계 검침, 고장일 때의 수리의 의뢰와 수리의 확인, 난방비 산정의 추가 업무 등이고, 민원 발생은 난방비 부과액의 세대별 격차에 대한 불만, 그 격차로 인한 열량계의 정확성과 신뢰성에 대한 불신 등 이유로 생기게 된다.

열량계 사용에 따른 업무량의 증가에 대하여는 아파트 관리사무소의 직원을 추가로 인정해 주면 쉽게 해결될 수 있는 문제이다. 열량계 적용시 난방비 절감이 50% 이상 가능하므로, 입주자 대표회의가 추가적인 인건비 지출에 인색하여 열량계 사용을 안 한다면 매우 어리석은 판단이라 아니할 수 없다.

민원 문제에 대하여는 관리사무소장들이 해결책을 몰라서 열량계 사용을 기피하는 것인데 민원 문제 발생의 원인은 난방열 사용량의 심한 격차의 때문이다. 어느 정도의 격차가 생기는지 삼부 아파트의 예를 들기로 한다.

1999년 3월에 삼부 아파트 25평형의 대부분 세대는 1500kwh에서 2000kwh사이의 난방열을 사용한 것으로 나타났으나 일부 세대는 500kwh 이하를 사용하였고 어떤 세대는 5000kwh 이상을 사용한 것으로 나타났다.

세대별 난방열 사용량 분포는 다음과 같다.

【1999년 3월 삼부 아파트 난방열 사용 실태】

평수 \ 동 kwh	1,000k 이하	2,000k 이하	3,000k 이하	4,000k 이하	5,000k 이하	6,000k 이상	합계
25평 101동	29세대	85세대	3세대	1세대	2세대	-	6세대
〃 102동	9세대	9세대	3세대	3세대	3세대	3세대	12세대
〃 103동	16세대	95세대	5세대	3세대	1세대	-	9세대
33평 104동	1세대	16세대	59세대	6세대	1세대	9세대	16세대
〃 105동	5세대	61세대	29세대	1세대	4세대	8세대	13세대
〃 106동	1세대	20세대	7세대	-	1세대	1세대	2세대
〃 107동	3세대	30세대	23세대		1세대	7세대	8세대
48평 106동	2세대	15세대	32세대	2세대	2세대	7세대	11세대
〃 108동	7세대	6세대	41세대	2세대	-	4세대	6세대
〃 109동	1세대	8세대	36세대	4세대	2세대	9세대	15세대

이상 표에서 보는 바와 같이 전체 834세대 중 11.7%에 해당하는 98세대(검은 부분)는 평균보다 월등히 많은 난방열을 사용한 것이며 난방비는 평균의 2배 이상 5배까지 더 부담하게 되어 있다.

최저 난방비와 최고 난방비의 격차를 보면 다음과 같다.

	최저 사용 난방비	최고 사용 난방비	비　고
25평	9,035원	176,318원	26배
33평	9,639원	303,721원	2배
48평	9,932원	321,695원	32배

이상과 같이 난방열 사용량이 평균보다 2배 이상으로 나타나는 세대가 전체의 10%가 넘으며 이러한 세대의 난방비는 다른 사람과 비교할 때 2배 이상 5배까지 되니까 해당 세대주는 열량계의 신뢰성이 없다며 민원을 제기하게 된다. 또한 최소 난방비와 최대 난방비의 차이가 30배가 넘는 현상은 정상이 아니라고 주장하는데 대하여, 관리사무소장은 이에 대한 원인과 해결책을 모르므로 열량계 사용을 기피하는 것이다.

그러나 이상과 같은 현상이 나타나는 것은 열량계가 정확하게 열 사용량을 나타내 주는 증거이다. 앞의 표에서 검은 바탕 숫자로 표시된 난방열 과다사용 세대의 총수는 98세대로 전체 세대의 11,7%에 불과하나 난방열 사용량은 30%를 넘고 있으며 열량계 적용 목적은 바로 이러한 에너지 낭비 세대를 발견하여 에너지 절약을 하게 하는데 목적이 있는 것이다.

난방열 격차에 따른 난방비 격차의 원인과 그 해결방법을 알아보기로 한다.

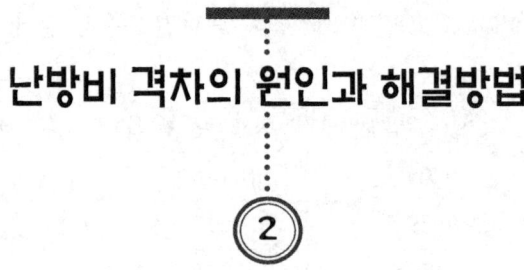

난방비 격차의 원인과 해결방법

2

I. 난방열 사용량 격차의 원인

대부분의 사람이 열량계에 의한 열 사용량의 심한 격차가 열량계 자체의 정확성 부족과 고장 때문이라고 생각한다. 그러나 사실은 그것이 열량계가 정확하기 때문에 나타나는 현상이며 그 실제 원인은 다음과 같다.

(1) 온도조절기의 사용 불량

(2) 온도조절기의 고장

(3) 아파트의 구조 변경

(4) 열량계 고장

2. 난방열 격차의 해결방법

(1) 온도조절기의 사용 불량

중앙집중난방 아파트에서는 난방온수 공급이 간헐적으로 이루어지기 때문에, 온수 공급 때에 난방을 안하면 다음 번 보일러 가동을 할 때까지 난방온수 공급을 못 받는다는 생각으로 온도조절기의 붉은 등이 항상 켜지게 온도 다이얼을 맞추어 놓는 사람이 대부분이다.

특히 온도조절기를 "OPEN" 위치에 놓는다거나, "AUTO"에 놓고 온도 다이얼을 30도 이상 위치에 놓고 생활하는 입주자가 약 10%에 달하며, 이러한 세대가 난방열 사용에서 심한 격차를 보이는 것은 당연하다.

이에 대한 해결방법은 난방안내서를 만들어 배포하고 온도조절기의 올바른 사용법을 계몽하고 홍보 또는 교육하는 것이다(국산 온도조절기에는 AUTO, OPEN이 없으므로 그러한 혼란은 없다).

(2) 온도조절기의 고장

온도조절기가 고장인 경우는 붉은 등이 안 켜져도 난방온수가 공급이 되고 난방이 된다. 그러나 온도다이얼은 작동이 안되므로 창문을 열고 온도 조절을 하게 되는데 참으로 어리석은 일이다. 그러한 때는 난방온수 콕을 사용하면 된다.

온도조절기의 고장이 비교적 많은데 그 이유는 온도조절기의 밸브 작동 부분이 전구를 오래 쓰면 못 쓰게 되는 것과 같이 고장이

나기 때문이며 부품만 갈아주면 쉽게 수리가 된다(이 말은 온도조절기가 전기 전자식인 경우에 한하며 밸브구동식이거나 수온감지식인 경우는 해당이 안 된다).

온도조절기의 붉은 등이 꺼진 상태에서 난방이 되면 고장임을 알 수 있다. 온도조절기가 고장인 때는 난방온수 콕 사용으로 실내 온도조절이 가능하여 열량계 사용에 아무런 지장이 없다. 다만, 좀 불편할 뿐이다.

(3) 아파트의 구조 변경

방과 베란다 사이의 벽을 없애 버린 세대는 외기 온도와의 차단장치 제거로 실내 난방 유지에 난방열이 많이 필요하여 난방열 사용에서 많은 격차가 나는 것이 당연하다.

(4) 열량계 고장

열량계 고장은 수치가 안 나타나던가 이상하게 나타나던가 너무 많이 나타나서 고장이라는 사실을 알게 되는데, 관리사무소에서 분명하게 판단할 수 없을 때는 애프터 서비스 회사에서 고장 여부를 확인하여 줄 수 있으므로 입주자가 열량계의 신뢰성을 의심하는 것은 근거 없는 우려이다.

열량계 고장일 때는 거주 동의 평균 난방비를 적용하던가 평형별 평균 난방비를 적용하면 되므로 열량계의 고장이 빈번하여 열량계 사용을 못한다는 주장은 열량계 사용 기피의 구실에 불과하다.

3. 난방비 격차의 민원 문제 해결 방법

난방비 격차의 원인은 대부분 온도조절기의 사용불량이거나 온도조절기의 고장에 있다. 그러므로 그 사실을 입주자에게 알리고 온도조절기를 수리하게 하던가 난방온수 콕 사용방법을 알려주고 난 다음 관리비 고지서를 발급하는 배려를 하여야 한다.

무조건 열량계 수치대로 난방비를 산정하여 부과하는데서 민원이 발생하는 것이다.

열량계 적용 초기에는 관리비 고지서 발부 전에 난방비 액수가 평균보다 월등히 많이 산정된 세대를 불러 그 원인을 규명하고, 입주자에게 그 원인을 알려주어야 한다. 온도조절기 사용불량으로 난방비가 많이 산정된 세대에는 그 책임이 그 세대에 있지 열량계에 있지 않다는 점을 이해시키고, 열량계 적용 첫 달에 한하여 산정된 난방비의 전액 부과 대신 평균 난방비 초과분의 2분의 1만을 평균 난방비에 더하여 부과하는 등의 융통성 있는 기준을 적용하면 된다.

열량계 고장인 때는 거주 동의 같은 평형의 평균 난방비를 부과하면 된다.

그 외에 다음과 같은 방법이 있다.

① 같은 평형 전 세대 평균 요금

② 해당 동의 해당 층 같은 평형의 평균 요금

③ 열량계 교체 후 10일간 사용량의 평균치를 1개월 사용량으로 환산한 양과 전 연도 같은 기간 사용량 중 많은 쪽

적산 열량계의 고장률이 높다고 유량계로 대치하는 아파트가 있는데 이것은 현명하지 못한 판단이다. 유량계의 적용은 심리적 절감효과는 기대할 수 있지만 정확한 열 사용량 계측이 안 되어 불공평한 난방비 배분이 되기 때문이다.

같은 건물의 같은 층에서 같은 시간 난방을 했는데 난방열 사용량이 다르게 나타나는 것은 열량계가 부정확한 때문이라고 생각하는 사람이 많다.

그러나 그것은 열량계가 부정확한 때문이 아니라 각 세대의 난방 배관을 통과하는 난방온수의 양과 온도가 같지 않기 때문이고, 적산 열량계는 물의 온도와 물의 양에 따른 열량을 정확히 계산하여 나타내 준다.

그러나 유량계는 물의 온도는 무시해 버리고 배관을 통과하는 물의 양만을 측정해 주므로 정확한 열 사용량을 나타내 주지 못한다. 중앙난방 아파트는 4층에서 10층까지는 2개소 이상, 10층을 넘는 경우는 5개 층마다 1개소를 더한 수의 난방구획으로 구분하여 난방 배관을 하게 되어 있다.

그러므로 난방구획의 설계나 난방온수 배관의 시공상태에 따라 각 세대에 도달하는 난방온수의 온도에 차이가 있을 수 있으며, 각 세대의 배관의 청결 상태에 따라 일정 시간 내에 통과하는 온수의 양에 차이가 생기므로 같은 시간 난방을 하여도 열 사용량에는 차이가 나게 되어 있다.

이러한 사실을 모르는 입주자로서 난방비가 남보다 많이 부과된 사람 중에는 이러한 열량계 지시 차이가 나는 것이 열량계가 정확하지 않은 증거라고 민원을 제기하고 열량계 사용을 반대하는 경우가 있다. 이는 열량계에 대한 지식 부족에서 생기는 것이므로 올바른 지식의 전달로서 이해를 시켜야 한다.

열량계 적용시의 난방비 절감 효과

③

열량계를 적용할 때는 아파트 입주자들이 난방비 절감에 관심을 두게되어 에너지 절약이 이루어진다는 사실은 모두가 알고 있다. 그러나 어느 정도의 절감이 이루어지고 있는지는 잘 알려지지 않고 있다.

에너지관리공단에서 1999년도에 발간한 "난방계량기 활용" 책자에 의하면 약 22%에서 24%까지의 난방비 절감이 이루어지는 것으로 되어 있다. 그러나 내가 조사해 본 바로는 당초 예상했던 것 보다 월등히 많은 난방비 절감이 이루어지고 있었다.

한국 아파트 신문 기사에 의하면 대전의 한빛 아파트(3,144세대)의 경우 열량계를 적용한 1994년에는 열량계 적용전인 1993년에 비하여 32,82%를 절감하였고, 1995년에는 27, 24%를 절감한 것으로 보도한 바 있는데, 약 30%의 난방비 절감이 이루어졌다고 할 수 있다.

1999년 1월에 나는 열량계를 적용하는 아파트 단지와 적용 안하는 아파트 단지의 난방비 차이를 조사해 보기로 하였다. 나는 서울 시내와 서울 근교의 아파트에 사는 친척과 친구에게 1998년 12월의 "관리비부과 내역서"를 보내달라고 부탁하였다. 그리하여 17개 아파트의 자료를 수집하였다.

아파트 단지별 난방비 비교는 난방비와 난방 전력비의 합계를 아파트의 총 관리 평수로 나눈 평당 난방비를 산출하여 비교하였다.

이러한 비교표를 만드는데 있어 어려웠던 점은 아파트에 따라 난방에 소요되는 동력비를 전기료에서 확실히 구분하여 표시하는 아파트가 있는가 하면 공동 전기료에 포함시켜 그 정확한 수치를 알 수 없는 아파트가 있는 점이었다. 그러한 경우는 공동 전기료에서 난방에 소요된 전기료의 비율을 다른 아파트와 유사한 비율로 추정하였기 때문에 그 정확성에 오차가 있을 수 있다. 그러나 대략적인 수치를 파악하는데는 크게 지장이 없다고 생각한다.

단지별 아파트 난방비 비교표는 다음과 같다.

【 중앙난방 : 열량계 적용 아파트 】

지역, 아파트 명	총평수	총난방비(열요금 + 동력비)	평당 난방비
수원, 우만, 선경 아파트	10,314 평	23,895,860	2,317원
		22,834,660 + 1,061,200	

● 평당 평균 2,317원

【 중앙난방 : 평당부과 아파트 】

안산, 한양 아파트	60,223 평	163,241,711원 155,180,561+ 8,061 150	2,711원
소사, 두산, 삼성아파트	20,271 평	63,530,800원 62,613,610+917,190	3,134원
성남, 삼부아파트	27,732 평	74,775,320원 72,795,320+1,980,000	2,696원

◐ 평당 평균 2,847원

【 지역난방 : 열량계 없음, 평당부과 아파트 】

여의도, 대교 아파트	19,144 평	46,786,630원 44,763,640 + 2,022,990	2,445원
여의도, 미성 아파트	21,194 평	54,187,267원 52,633,319 + 1.553,947	2,557원
과천, 5단지 아파트	33,543 평	80,356,223원 75,506,910 + 4,849,313	2,396원
원효, 산호 아파트	16,780 평	60,947,340원 58,484,380 + 2, 462,690	3,632원
이촌, 삼익 아파트	7,856 평	23,771,352원	3,026원

◐ 지역난방, 평당부과 아파트의 평당 평균 2,811원

【 지역난방 : 열량계 적용 아파트 】

단지	면적	금액	평당
분당, 시범 현대 아파트	75,706 평	136,148,809원 130,358,100 + 5,790,709	1,798원
분당, 까치마을, 신원 아파트	37,570 평	62,928,790원 60,391,670 + 2,538,820	1,675원
일산, 대우, 벽산 아파트	24,000 평	41,967,335원 40,036,305 + 1,931,030	1,748원
부천, 신동아 아파트	30,715 평	52,393,680원 49,496,200 + 2,897,480	1,705원
산본, 계룡 삼환 아파트	24,966 평	47,543,630원 44,479,570+3,064,060	1,904원
평촌,금화 타운 아파트	11,613 평	24,353,290원 23,080,340 + 1,272,950	2,097원
송파, 오금 대림 아파트	28,468 평	56,287,297원 54,235,200 + 2,052,097	1,977원
목동, 14단지 아파트	100,435 평	171,604,870원 165 027,410 + 6,577,460	1,708원

○ 지역난방, 열량계 적용 아파트의 평당 평균 1,826원

아파트 단지별 난방비 비교에서 눈에 띄는 것이 지역난방에서 열량계를 적용하는 단지는 평당 난방비가 평균 1,826원인데 비하여, 열량계가 없어 평당 부과하는 아파트는 평당 평균이 2,811원으로 54%나 더 많은 난방비를 부담하고 있다는 사실이다.

다시 말하여 열량계를 적용하면 난방비는 평균 54%가 절감될 뿐

아니라 개인에 따라서는 자기가 원하는 만큼 난방비 절감이 가능하게 되는 장점이 있다.

열량계를 적용하지 않는 중앙 난방 아파트의 평당 평균이 2,847원인데, 이것을 열량계 없는 지역난방의 평균 2,811원과 거의 비슷한 것으로 중앙난방의 경우도 열량계를 적용하면 50%이상의 난방비 절감이 가능하다는 것을 말해주는 것이다.

중앙난방 아파트지만 열량계를 적용하고 있는 수원의 선경 아파트의 경우는 다른 아파트 보다 23% 적게 난방비를 부담하고 있는데, 이 아파트도 입주자가 온도조절기의 사용법을 제대로 익히면 평당부과하고 있는 아파트보다 60% 이상의 난방비 절감이 가능할 것이다.

그 이유는 다음 예로서 설명이 된다.

1997년 초에 삼부 아파트에서 열량계를 적용하였을 때 입주자들은 3월 20일까지 열량계 적용이 계속되는 것으로 알고 있었다. 나는 3월14일과 15일에 30세대의 1일간 난방열 사용 실태를 조사해 보았다.

그 중 1일 난방열 사용량이 100kwh 이상인 15세대에 대하여 3월 16일과 17일에 온도조절기 사용방법을 설명하고 그 결과를 17일과 18일에 확인하였다. 그 결과 각 세대의 난방열 사용량이 모두 50% 이상 감소하였고, 15세대 전체의 난방열 사용량이 1,898kwh에서 770kwh로 60%가 감소되었다.

호 수	설명전 → 설명후	감 소	호수	설명전 → 설명후	감 소
106호	170kwh → 37kwh	78%	606호	97kwh → 46kwh	53%
205호	168 → 41	76%	806호	179 → 94	47%
206호	122 → 41	63%	905호	95 → 74	22%
305호	123 → 70	43%	1005호	130 → 72	45%
306호	110 → 68	38%	1006호	98 → 0	100%
505호	129 → 77	77%	1305호	117 → 47	60%
506호	162 → 0	100%	1505호	105 → 68	35%
605호	93 → 82	12%	합계 1,898kwh→ 770kwh 60%감소		

　이러한 사실은 아파트 입주자의 대부분이 온도조절기 사용방법을 잘 몰라서 난방열 절약을 못하고 있다는 것을 나타내는 것이며 수원의 선경 아파트의 경우도 입주자에 대한 계몽이나 교육 여하에 따라 60% 이상의 난방비 절감이 가능한 것이다.

　삼부 아파트에서는 1997년 1월과 2월에 열량계를 적용하였다. 2월의 경우 열량계를 사용한 1997년에는 난방비 총액이 5306만 4,630원이었는데, 평당부과를 한 1998년에는 7322만 8,790원으로 37%나 난방비가 증가된 사실을 알 수 있다.

　한편 평당부과를 한 1996년 12월과 1997년 12월의 난방비 증가율은 5% 밖에 안 되는 것과 비교하면 열량계 사용시의 난방비 절감 효과가 약 30%임을 알 수 있다.

【 열량계 사용에서 평당부과로 변경: 난방비 약 30% 증가 】

	1996년	1997년	1998년	1999년
12월	평당부과 64,377,750원	67,596,960원	74,775,320원	
	100%	105%	116%	
1월	열량계적용	69,153,750원	93,393,630원	82,910,050원
		100%	135%	120%
2월	열량계적용	53,064,630원	73,228,790원	67,223,960원
		100%	137%	127%

　중앙집중난방 아파트이지만 열량계를 사용하는 수원의 우만 선경 아파트와 열량계를 사용하지 않고 평당 부과하는 성남의 삼부 아파트의 2001년 1월의 난방비 부담 액수를 비교하면 다음과 같다.

　선경 아파트의 평당 난방비는 3,365원이며 삼부 아파트의 평당 난방비는 4,209원이었다. 삼부 아파트는 선경 아파트보다 25% 더 많은 난방비를 부담하고 있는 것이었다.

　선경의 51평형은 평균 난방비가 17만원인데 삼부의 48평형은 20만원이었다. 선경의 33평형은 평균이 11만원인데 삼부는 14만원이었고, 선경의 25평형은 8만원인데 삼부는 10만 7,000원이었다.

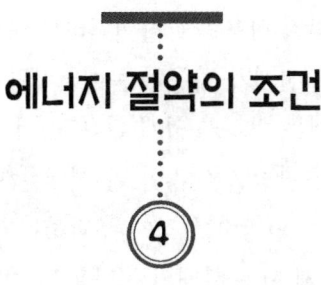

에너지 절약의 조건

중앙집중난방 아파트의 경우 세대별로 난방열 사용량을 절약한다고 해서 그것이 곧 아파트 전체의 난방열 사용량 절감으로 직결되지 않는데 그 점에서 지역난방과 중앙난방의 차이가 있다. 왜냐하면 중앙집중난방에서는 보일러를 가동하여 난방온수를 공급하므로 보일러의 가동시간을 줄여야 에너지 절약, 즉 난방비 절감이 되기 때문이다.

대부분의 사람은 중앙집중난방 아파트에서 열량계를 사용하는 이점이 각 세대가 사용한 열량에 따라 난방비를 부과하게 하는 사용자 부담 원칙의 적용을 가능하게 해 주는 점이라고 생각하며 전체 난방비 절감과는 관계가 없다고 생각하여 다음과 같은 주장이 옳다고 생각한다.

"각 세대에서 난방열 사용량을 줄이더라도 보일러 가동시간에 변화가 없으면 아파트 전체가 사용하는 에너지량에는 차이가 없게되고 총 난방비 액수에는 변화가 없게 된다. 그러한 때는 각 세대별로 난방비 차이가 생겨 난방열을 많이 쓴 세대는 난방비를 많이 부담하고 적게 쓴 세대는 난방비를 적게 부담하는 장점은 있으나 에너지 절약이라는 열량계 사용 본래의 목적은 달성이 안 된다."

이러한 주장에서 앞부분은 옳지만 뒷부분, 즉 "에너지 절약이라는 열량계 사용 본래의 목적은 달성이 안된다"는 것은 틀린 것인데 그 이유는 다음과 같은 사실을 알면 이해가 된다.

보일러를 운영하는 관리사무소 직원의 성실한 근무가 난방비 절감의 절대적인 조건이 되는 것은 사실이지만 입주자의 난방열 절감이 있어야 그것이 가능한 것이다.

아파트마다 보일러 운영의 기준이 꼭 같지는 않아 하루에 보일러를 가동하는 횟수와 가동시간 및 보일러 가동을 중단하는 온도 기준에 얼마간의 차이가 있다. 그 중에서 가장 중요한 것은 보일러 가동을 중단하는 온도를 몇 도로 정하고 그것을 얼마나 잘 지키는가에 따라 에너지 절약 효과가 달라진다.

삼부 아파트의 예를 들어 설명하기로 한다. 삼부 아파트의 경우 아파트 동 수가 9개이고 관리사무소가 있는 부속 건물이 1개로서 10개 건물이 있다.

보일러실에서 각 건물에 난방온수를 공급하는 큰 배관은 5개 라인으로 되어 있고 1개 라인으로 2개 건물에 난방온수를 공급하게 되어 있다.

보일러실에서 각 건물에 공급하는 난방온수의 최고 온도는 60도로 되어 있고, 1개 라인의 난방온수가 2개 건물을 통과하여 보일러로 되돌아오는 온수의 온도가 40도에 도달하면 그 라인의 온수 공급은 중단하도록 운영하고 있다.

보일러 가동 후 난방온수가 40도에 도달하는 시간은 라인 별로 차이가 나는데, 외기 온도의 차이와 함께 난방열을 사용하는 세대수에 따라 차이가 나게 되어 있다.

난방을 적게 하는 세대수가 많을수록 40도에 도달하는 시간은 빨라지게 되는 것이다.

40도에 도달하면 그 라인에 온수를 공급하는 것은 중단하여야 하고, 5개 라인이 모두 40도에 도달하는 대로 보일러 가동을 중단하여야 에너지 절약이 되는데 그렇지 않을 경우 에너지 절약이 안되는 것은 당연하다.

이상과 같이 보일러 운영의 기준이 있지만 실제로는 그것이 잘 지켜지지 않는데 문제가 있다. 삼부 아파트의 예를 다시 들기로 한다.

1998년 1월 26일 아침 6시의 외기 온도는 영하 5도, 저녁 6시의 외기 온도는 영하 2도로서 추운 날씨였다. 보일러 가동은 16시 30분부터 18시 30분까지라고 게시판에 공고되어 있었다. 저녁 6시 50분에 나는 보일러실에 가보았다. 근무자는 제자리에 없었다.

보일러 가동 공고 시간인 저녁 6시 30분에서 20분이 초과된 6시 50분이었지만 보일러는 계속 가동되고 있었다. 그리고 각 라인 별로 보일러에 되돌아오는 온도는 다음과 같이 지시하고 있었다.

제1라인 (1동, 5동)	⇒	34도
제2라인 (2동, 6동)	⇒	38도
제3라인 (3동, 7동)	⇒	42도
제4라인 (4동, 관리동)	⇒	35도
제5라인 (8동, 9동)	⇒	40도

보일러실 근무자가 성실한 근무를 하고 있었다면 제3라인과 제5라인은 더 이상의 온수 공급을 안하도록 밸브를 잠갔어야 할 것이었다. 그래야만 타 라인의 온도가 40도에 도달하는 시간이 빨라지고 보일러 가동 시간도 단축될 수 있을 것이었다. 또한 그렇게 해야만 에너지 절약이 될 수 있는 것이었다. 그러나 그 날 보일러실 근무자는 제자리에 없었는데, 그 날 뿐만 아니라 평소에도 그러한 일이 자주 있을 것이라는 생각이 들었다.

보일러실 근무자가 성실한 근무를 하도록 하기 위하여 는, 각 라인별 40도 도달시간을 근무일지에 기록하게 하고 그 시간이 되면 온수 공급을 차단하는 조치를 반드시 하도록 하는 근무요령을 입주자 대표회의에서 의결하고 제도화할 필요가 있다.

그리고 그러한 감독업무를 관리사무소장에게만 맡길 것이 아니라 입주자 대표회의의 동대표들이 가끔 현장 순시와 감독을 하여야 하는 것이다. 그것이 입주자를 위한 봉사의 방법이고 자세일 것이다.

왜냐하면 난방비의 절감만큼 입주자에게 큰 액수의 이익을 주는 아파트 관리 사업이 없기 때문이다.

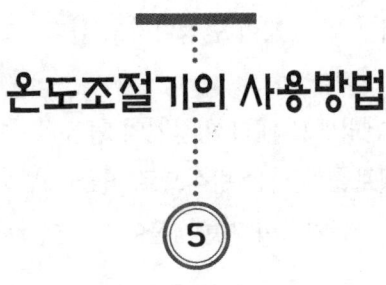

온도조절기의 사용방법

I. 온도조절기의 종류

에너지관리공단에서 발간한 "난방열량기 활용" 책자에 의하면 온도조절기의 종류는 비례제어식, 전기전자식, 밸브구동식, 수온감지식의 네가지가 있으며, 비례제어식과 전기전자식을 합쳐 약 350만개가 설치되어 있는데 이 두 종류는 대부분 단종이 되었다고 한다.

최근에는 모터의 회전운동에 의해 난방밸브를 여닫는 식의 밸브구동식이 제작되어 설치되고 있는 중이라고 하며, 응답속도가 빠르고 기존 제품에 비해 내구성이 강한 장점이 있으나 가격이 기존 제품에 비해 약 2배가 비싼 것이 단점이라고 한다. 그 동안 설치된 수는 약 2만대라고 한다.

수온감지식은 난방밸브 내의 형상기억 합금의 수축 또는 팽창 작용에 의해 난방밸브를 여닫는 방식으로 최근 개발되어 일부 설치되기 시작하였으며 공급가격이 기존제품에 비하여 2배 정도 비싸다고 한다.

나는 비례제어식 온도조절기를 1992년 분당 시범단지의 한신 아파트에 설치된 것을 써보았는데 불량률이 높아 거의 쓰지 못하는 상태였으며 난방온수 콕을 이용하여 온도조절을 하는 것이 더 편하였다.

따라서 대부분의 아파트에 설치되어 있는 것이 전기전자식이라고 할 수 있다.

전기전자식은 난방을 안 할 때, 즉 붉은 등이 켜 있지 않을 때 밸브 작동을 위한 연속적인 전원의 공급으로 부품특성에 변화가 생기고 고장이 생기는 것이 단점인데 그 부품만 교환하면 간단히 수리가 되게 되어 있다. 부품비는 1만원 정도이고 관리사무소에서 부품을 확보하여 수리할 수 있다.

이러한 고장을 예방하는 방법은 난방이 필요 없는 봄, 여름, 가을에는 붉은 등이 켜지게 온도다이얼을 맞추어 놓고 난방온수 콕은 아주 잠그어 놓는 방법이 있다. 그리고 겨울철 추울 때에만 난방온수 콕을 열고 온도조절기를 쓰면 된다.

2. 전기전자식 온도조절기에 대한 상식(중앙난방 아파트에 설치 경우)

▶ AUTO(자동)

세모꼴의 버튼이 들어가 있는 상태이며, 온도 다이얼이 작동된다.

▶ OPEN(열림)

세모꼴의 버튼이 나와 있는 상태이며, 붉은 등이 켜져서 보일러가 가동되는 대로 계속 난방이 되고, 온도 다이얼이 작동 안된다.

▶ 붉은 등

OPEN에 놓았을 때와, AUTO에 놓고 온도 다이얼을 돌려서 거실 온도보다 높은 온도에 놓았을 때 붉은 등이 켜지며 보일러가 가동되는 대로 난방이 된다.

▶ 거실 온도

AUTO에 놓고 온도 다이얼을 돌려 붉은 등이 켜졌다 꺼졌다하는 곳의 온도가 거실 온도이다.

※ 국산 온도조절기에는 AUTO 및 OPEN이 없으므로 이상 설명은 해당이 안된다.

▶ 온도조절기의 고장

붉은 등이 꺼진 상태에서 난방이 되고, 열량계 숫자가 증가하면

고장임을 알 수 있다.

▶ 온도조절기 고장일 때의 조치

온도조절기가 고장인 경우 난방온수 밸브가 항상 열려 있는 상태가 되어 보일러가 가동되는대로 계속 난방이 된다. 그러므로 열량계를 적용할 때는 최고의 난방비를 내게 된다. 또한 온도 다이얼로 실내 온도 조절이 안되니까 창문을 열고 실내온도를 조절하게 된다. 그러한 때는 난방온수 콕을 이용하여야 한다.

▶ 난방 온수 콕

위치 : 대개 싱크대 밑에 있다.

용도 : ① 온도조절기 고장일 때 실내 온도 조절
　　　 ② 사용하지 않는 방의 난방 차단
　　　 ③ 방마다 실내 온도를 달리하려고 할때(온도조절기가 세대
　　　　　에 하나만 있는 경우)

▶ 난방방법(AUTO, OPEN 구분이 있는 경우)

● 올바른 난방방법

세모꼴 버튼을 AUTO로 하고 온도 다이얼을 20도에 맞추어 놓는다. 대부분의 세대가 실내온도 18도 이상을 유지할 수 있다.

● 무난한 난방방법

AUTO로 하고 다이얼은 20도에 맞추어 놓는다. 실내온도에 관계없이 방바닥의 온기 위주로 난방을 하려고 할 때는 저녁 보일러 가

동시에 1시간 이내, 새벽 보일러 가동시에 30분 정도로 붉은 등이 켜지게 하는 난방방법이 난방비를 줄이는 무난한 난방방법이 될 수 있다.

● 잘못된 난방방법

AUTO로 하고 다이얼을 25도에 맞추어 놓고 발바닥과 궁둥이가 따뜻하도록 난방을 하는 방법인데 호흡기의 건강과 정력에 극히 해로우며, 난방비를 많이 부담하는 방법이다. 많은 입주자가 이 방법을 쓰고있다.

● 아주 잘못된 난방방법

붉은 등이 항상 켜 있는 상태가 되도록 OPEN에 놓는다. 또는 AUTO에서 다이얼을 27도 이상에 맞추어 놓아 보일러 가동시 계속 난방이 되게 하는 방법이다. 건강에 해롭고 경제적으로 손해가 많은 난방방법이다.

● 현명한 난방방법

붉은 등이 켜 있게 하고, 쓰지 않는 방의 난방 온수 콕은 잠근다. 거실, 공부방, 침실의 온도가 차이가 나도록 난방 온수 콕을 조절하여 난방을 한다.

그러나 많은 시행착오를 해야만 적당한 조절방법을 알 수 있다. (최근에는 방마다 국산 온도조절기가 설치되어 있어 온수 콕을 사용하지 않고 방마다의 온도조절이 가능하게 되었다)

열량계사용 성공의 조건

6

　앙집중난방 방식의 아파트에서 열량계를 사용할 때 그 업무를 관리사무소장에게만 일임하여 열량계에 나타나는 수치대로 난방비를 부과하면 그 난방비 부과방법은 실패할 가능성이 많다.

　입주자들이 온도조절기의 사용방법을 제대로 알지 못하는 데서 오는 에너지 낭비의 시정이 안 될 뿐 아니라 난방비의 심한 격차로 입주자의 불만이 발생하게 되기 때문이다.

　그러므로 열량계 사용의 공고에 앞서 입주자 대표회의는 다음 사항의 토의와 의결을 하여야 한다.

1. 입주자에 대한 계몽내용과 계몽방법에 대한 사항

● 계몽내용
(1) 열량계의 위치

(2) 온도조절기의 사용방법

(3) 온도조절기 고장일 때의 조치

(4) 거실, 침실, 공부방의 적정 온도

(5) 난방비가 평균보다 2배 이상 부과되는 이유

(6) 난방비 절감의 방법(건강 위주의 난방)

● 계몽방법
(1) 반장을 통한 반상회에서의 계몽

(2) 난방안내서의 인쇄 배포

(3) 난방방법에 대한 강연

(4) 이 책의 제2장 및 제3장 읽기 권고

2. 공동난방비의 비율 결정

3. 보일러실 근무자의 성실근무 확인
● 난방온수 공급 중단의 적정 온도 결정

● 라인별 적정 온도 도달 시의 밸브 잠금 엄수(솔레노이드 밸브를 이용한 자동 차단 장치 설치)

4. 관리사무소의 조치 지시 및 확인

- 보일러 가동횟수 및 가동 시작시간 공고
- 열량계 검침표 부착 및 기록
- 열 사용량 과다세대에 대한 관리비 부과 전 원인 확인 및 조 정과 지도
- 열량계 및 온도조절기 고장시 수리

제  장

아파트 난방비 75% 절감 방법

난방방법의 변화와 변하지 않는 사고방식

①

1950년대부터 50년간 한국인의 주거환경이 많이 변화하였는데 그 중에서 난방방법이야말로 전근대에서 현대로의 급격한 변화가 이루어졌다고 할 수 있다.

6.25전쟁이 1953년에 끝난 이후 1950년대 중반까지만 해도 난방방법은 온돌방 아궁이에 장작을 때서 구들돌을 따뜻하게 하는 방법이었고, 난방 횟수도 저녁때와 아침의 2회뿐이었다.

방을 어느 정도로 따뜻하게 하고 사는가는 경제적 능력에 달린 문제여서 방바닥이 따뜻한 집은 잘 사는 집이었고 방바닥이 찬 집은 못사는 집이었다.

1960년대에는 구공탄(원래는 십구공탄)이 많이 보급되면서 난방의 주 연료가 연탄으로 바뀌었다.

장작을 땔 때와 마찬가지로 아궁이에 가까운 아랫목은 따뜻하였지만 윗목은 냉기가 도는 집이 대부분이었다. 이 시절에는 대부분의 사람들은 겨울철을 춥게 지내야만 하였고 연탄가스중독에 시달려야만 했다.

1970년대부터 연탄 보일러가 보급되기 시작하여 1980년대에는 대부분의 가정이 연탄 아궁이 대신 연탄 보일러를 쓰게되어 연탄가스 중독의 위협에서 벗어나게 되었다. 또한 구들돌 난방 대신 온수 배관에 의한 난방으로 바뀌어 방바닥이 골고루 난방이 되고, 아랫목 윗목의 구분이 없어지게 되었다. 그러나 재래식 가옥은 단열이 잘 안되고 열 손실이 많아 겨울철 난방에서 방바닥은 따뜻하지만 실내온도는 높아질 수가 없었다.

1990년대 들어와서 아파트 난방방법은 획기적 변화를 이룩하였는데, 1991년에 정부가 아파트에 열량계와 온도조절기의 설치를 의무화하여 온도조절기로 난방을 하게 한 때문이었다.

아파트뿐만 아니라 단독주택에서도 가정용 가스 보일러의 보급으로 온도조절기를 이용하여 원하는 실내 온도만큼 난방을 할 수 있게 난방방법이 현대화되었다.

난방방법이 이렇게 현대화되었으나 아파트에 거주하는 한국사람으로서 실내온도를 적정온도에 맞추어 난방을 하는 사람의 수는 별로 많지 않았다.

대부분의 사람은 발바닥과 궁둥이가 느끼는 온기의 정도에 맞추어 난방을 하는 습관을 쉽게 버리지 못하고 있다.

난방의 기준이 온도가 아니라 발바닥과 궁둥이 감각인 것이다. 나도 그러한 부류에 속하여 분당의 아파트에 입주한 후 3년동안이나 발바닥이 느끼는 온기의 정도로 난방을 하였다.

재래식 가옥에서 방바닥이 차면 그것은 실내온도가 낮고 춥다는 것과 같은 뜻을 가진다. 그러나 아파트에서는 방바닥이 차도 실내온도는 주거의 적정온도, 즉 20도 이상을 유지할 수 있다는 사실을 나는 아파트 입주초기에는 알지 못하였다.

방바닥이 차면 방이 춥다고 생각하였고, 방이 추우면 감기에 걸리기 쉽다는 생각을 하였다. 그러므로 방바닥에서 어느 정도 온기를 느끼도록 난방을 하는 것이 올바른 난방방법이라고 생각했던 것이다.

아파트에서 앓게된 병

나는 60여 년간 단독주택에서 살다가 1992년 2월에 분당의 아파트에 입주하여 3년간 그곳에서 생활하였다. 그런데 겨울만 되면 일반 주택에서 경험하지 못하였던 병적 증상으로 고생하게 되었다.

자고 나면 입이 마르고 칼칼하게 느껴지고 목이 아픈 일이 자주 생겼다. 잠자리에서 일어나면 재채기를 하게되고 말간 콧물이 흐르거나 코가 막히거나 하는 일이 자주 생겼다. 감기에 자주 걸리고, 감기에 걸리면 목이 몹시 아프고 두통이 생기고, 1주일 이내에 낫는 법이 없었다.

처음에는 내 나이가 60이 넘어서 면역력이 약해져서 그런가 보다

하였다. 그러나 집사람은 감기가 아닌 다른 병의 증세일 것이라면서 병원에 가서 진단을 받아 보기를 권하였다. 1995년 봄에 병원에 가서 진단을 받고 검사를 해본 결과 "알레르기 비염"이라는 것이었다.

나는 그동안 알레르기 증상으로 고생한 적이 없었기 때문에, 늙어서 알레르기 체질이 되었다는 것을 잘 이해할 수 없었고, 약으로도 잘 낫지 않는 병이기 때문에 늘그막에 고생하게 되었다고 생각하였다.

나는 1995년 겨울을 서울의 단독주택에서 보내게 되었다. 그런데 그 해 겨울에 나는 감기에 한번도 안 걸렸고 알레르기 비염 증상으로 고생하는 일이 크게 줄어들었다.

분당의 아파트에서는 겨울철에 아주 따뜻한 환경에서 지냈는데 감기와 알레르기 비염으로 고생하였고, 단독주택에서는 겨울을 춥게 지냈는데 오히려 감기에도 안 걸리고 알레르기 비염으로 고생하는 일이 줄어든 것이다.

분당의 아파트에서 생활할 때의 난방방법은 방바닥에서 약간의 온기를 느낄 정도로 난방온수 밸브를 열어놓고 생활하는 것이었으며 실내온도에는 무관심하였다.

온도계를 보면 대개 26도 이상이었다. 그러나 실내온도를 26도 이하로 줄여야한다는 생각은 들지 않았는데 방바닥이 차게 느껴지지 않을 정도로 최소한의 난방을 하였다고 생각했기 때문이었다.

겨울철에 전혀 난방을 안하고 방바닥을 차게 하고 살수는 없다고 생각했던 것이다.

서울의 단독주택에서의 난방방법은 가스 보일러로 저녁과 아침에 난방을 하는 것이었으며 아주 추운 날에 한하여 낮에도 난방을 하였다. 방바닥이 따뜻하게 느껴지면 보일러를 껐는데 실내온도는 대개 18도였고 방안에서도 내의를 입고 스웨터를 걸쳐야 지내기 편하였다.

분당에서의 아파트 생활에 비하면 단독주택에서의 생활은 매우 춥게 지낸 것이었다. 그러나 건강에는 그것이 더 좋게 작용했던 것이다.

1996년 9월에 성남의 아파트에 입주한 후 나는 겨울철 난방을 실내온도 위주로 하기로 하였다.

겨울철의 실내 적정온도를 22도에서 23도 사이라고 나는 생각하고 있었는데 이 온도에서는 내의를 안 입고 동복 바지와 겨울철 스포츠 셔츠로 지내기 편한 온도였다.

이러한 온도를 유지하는데 난방을 어떻게 해야 하는지를 알기 위하여 1996년 11월과 12월의 2개월 동안 나는 난방시간을 하루에 1시간30분에서 15분까지 여러 가지로 실험을 해보았다. 그 결과 난방은 아침과 저녁에 15분씩 하루에 30분만하여도 충분하다는 것을 알게되었다. 온도조절기의 온도다이얼은 22도에 맞추어놓고 지냈으며 1997년 1월에서 3월까지 하루에 30분만 난방을 하였다.

그 결과 방바닥의 온기는 거의 느끼지 못할 정도였다. 그러나 실내온도는 내내 22도에서 23.5도를 유지하였다. 우리 집에 찾아오는 사람은 모두가 춥다고 하였는데 방바닥이 차면 추운 것으로 느끼도록 한국사람은 습관화되어 있는 것이었다.

실내온도가 23도이면 봄이나 가을철 온도보다 높은데도 춥다고 느끼는 것이다.

실내온도 22도 위주의 난방을 하고 지낸 1996년 겨울철에 나는 감기에 한번도 안 걸렸고, 알레르기 비염으로 고생하는 경우가 많이 줄어들었다.

1997년 겨울철부터 나는 난방방법을 변경하였다. 하루에 30분씩 난방을 하던 것을 중단하기로 하였다. 1996년 11월부터 1997년 3월까지의 난방기록과 실내온도 그리고 외부온도와의 상관관계를 분석해 본 결과 하루에 30분 난방도 불필요하다는 결론을 얻은 것이다. 그러므로 온도 다이얼을 21도에 맞추어 놓고 실내온도가 21도 이하로 내려갈 때 자동으로 난방이 되게 하였다.

24시간 난방온수가 공급되는 지역난방에서나 가능하지 간헐적으로 난방온수가 공급되는 중앙난방 방식에서 그것이 어떻게 가능한지 의문을 가지는 사람이 많다.

그러나 그것이 가능한 이유는 다음의 두 가지 이유이다.

첫째, 중앙난방 아파트에서 열량계를 안 쓸 때는 입주자의 에너지 낭비가 많아 대부분의 세대가 실내온도 25도 이상을 유지하고 있다. 아래층과 위층의 실내온도가 높으므로 중간층인 나는 전혀 난방을 안 하여도 실내온도가 21도 이하로 내려가는 일이 거의 없는 것이었다.

둘째, 만약 실내온도가 21도 이하가 되어 난방을 위한 붉은 등이 들어오는 경우 난방온수가 공급이 안 되는 시간일 때는 다음 난방온수가 공급될 때까지 가다리는 수밖에 없다. 그러나 그러한 경우에도 실내온도는 20도 이하로는 내려가지 않았다.

온도조절기의 온도를 21도에 맞추어 놓고 생활한 1997년 이후 3년간 나는 한번도 감기에 걸리지 않았고 알레르기 비염으로 고생하는 일도 없어지게 되었다.

아파트 증후군의 원인과 회피 방법

③

아파트 입주자들이 겨울철에 자주 걸리는 병이 감기, 알레르기 비염, 알레르기 천식, 피부건조 등이라고 하는데 이러한 병은 특히 노인이나 어린이가 잘 걸리게 된다. 아파트에서 잘 걸리는 이러한 병은 아파트 증후군이라 불러도 될 것 같다.

이 증후군의 원인은 실내온도와 외부온도의 심한 격차, 실내 공기의 건조로 인한 습도부족, 집먼지 진드기의 번식 등이다. 그리고 이러한 실내 환경을 만드는 원인은 따뜻한 방바닥이다.

아파트에서 방바닥이 계속 미지근할 때 실내온도가 26도 이상이 된다는 것을 나는 분당의 아파트 생활에서 체험한 바가 있다. 아파트의 단열시공 상태와 베란다의 유무, 일조량 등에 따라 방바닥의 온기의 정도와 실내온도와의 상관관계는 차이가 있을 수 있지만 방바닥을 따뜻하게 할 때 실내온도는 틀림없이 25도 이상이 된다고할 수 있다. 그것은 아파트에서 생활하는 한국사람의 대부분이 여름철 옷차림으로 겨울철을 보내고 있다는 사실로 입증이 된다.

실내에서 25도 이상의 여름철 온도에서 살다가 영하 5도 이하의겨울철 외부로 나갈 때 심한 온도차이로 면역력이 약한 노인이나어린이가 감기에 걸리기 쉬운 것은 당연한 이치이다. 특히 노인이외출할 때 높은 실내온도로 팽창한 혈관이 차가운 바깥 기온으로급격히 수축됨으로서 순간적으로 혈압이 상승하여 심장병이나 뇌졸중 등의 치명적인 병의 원인이 될 수 있다고 한다.

방바닥이 따뜻하면 실내공기가 건조해지고 습도가 부족해지는데코와 기관지가 적절한 수분을 공급받지 못해 바이러스에 대한 방어능력이 떨어져 호흡기 질환을 일으키기 쉽게되고, 감기에 걸리면잘 낫지 않는 원인이 된다.

집먼지 진드기는 알레르기 비염과 알레르기 천식의 가장 큰 원인이 된다고 하는데 집먼지 진드기가 가장 잘 번식하는 온도가 25도에서 26도라는 것이다. 그러므로 알레르기 비염이나 알레르기 천식이 있는 사람은 겨울철 실내온도를 23도 이하로 유지하는 것이 현명한 난방방법이다.

소아과 의사에 의하면 우리 나라 어린이의 10%가 소아 천식으로고생한다고 하는데 그 원인은 부모들이 겨울철에 방바닥을 너무 따

뜻하게 하여 호흡기 질환이 잘 걸리는 환경을 만들기 때문이라고
나는 생각한다.

아파트 증후군의 고통에서 벗어나 건강하게 겨울철을 보내
는 방법은 발바닥과 궁둥이 감각으로 방바닥을 따뜻하게 난방
을 하는 습관을 버리고, 온도계를 보고 적정한 실내온도 위주
로 난방을 하는 것이다.

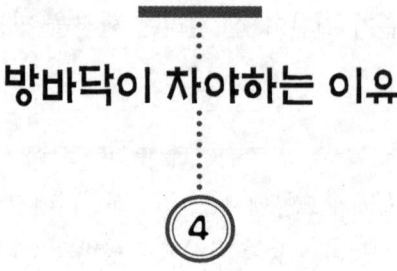

방바닥이 차야하는 이유

아파트에서 방바닥을 따뜻하게 하고 지내는 것이 겨울철 건강유지에 해로울 뿐 아니라 남자의 정력유지에 극히 해롭다는 사실을 많은 한국사람이 인식을 못하고 있다.

세계에서 정력이 가장 약한 남성이 한국 남성이라는 설이 있다.

"약(藥) 이야기, 성(性) 이야기"(저자 서정진, 조선일보사, 1997년 발행)에는 다음과 같은 글이 있다.

"한국인이 유난히 정력제를 좋아하는 것은 한국인의 정력이 약한 데서 오는 본능적인 반응이 아닐까 한다."

한국 남자의 정력이 약해져서 엉뚱한 방법으로 정력증강에 추태를 부리는 현상을 지적하면 다음과 같다.

40년 전만 해도 그렇게 많든 까마귀가 거의 볼 수 없게 된 것은 까마귀가 정력에 좋다는 속설 때문에 다 잡아먹어서 그렇게 되었다는 것이다.

믿거나 말거나에 속하는 이야기인 것 같다. 그러나 뱀, 개구리, 너구리, 곰 등 할 것 없이 야생동물이 정력에 좋다는 속설로 인하여 씨를 말릴 정도로 잡아 없애는 사람이 한국사람이라는 것은 분명하다.

조선일보 팔면봉에는 다음과 같은 기사가 실린 적이 있었다.

"녹색연합은 강릉 석병산 일대에서 야생동물 밀렵용 올무를 6일동안 무려 500여개나 수거했다. 밀렵군의 야생동물 싹쓸이 살육전이 전국적으로 기승을 부리고 있다. 모두가 정력제를 탐하는 몬도가네 족의 약탕관을 채워주기 위한 것이라니 바깥 세계가 알까 겁난다.

왜가리, 오소리, 부엉이, 뱀, 청동오리, 담비 할 것 없이 모조리 비아그라 용으로 작살내는 코리안 들의 추악한 소행이 드러날 때 전세계가 가만 두지 않을 것이다. 그러기 전에 시민들의 감시와 제재가 발동해야 할 것이다."

한국 내에서의 극성 뿐 아니라 보신을 위하여 외국에까지 나가서 추태를 부린 사례를 조선일보는 1998년 1월 "만물상"에서 다음과 같이 꼬집고 있다.

엊그제 외신은 미국 캘리포니아주에서 불법으로 곰 사냥을 하고 웅담 등 곰의 장기를 밀매한 한국인 사냥꾼 3명이 체포되었다고 보도하고 있다. 이들에게서 웅담 등을 사들인 한국인 20여명도 곧 체포될 것이라고 한다. 이들이 모두 보신용 약제로 쓰려고 미국의 야생동물 포획밀매와 자연보호법을 위반한 것이 분명하다.

보신이나 사치에는 둘째가라면 서러운 한국인이다. 하지만 어쩌자고 경제도 엉망인 요즈음 해외에 나가 불법 '몬도가네' 짓거리로 한국인 망신을 시키는지 한심할 뿐이다.

IMF 이전에 나는 대만, 중국, 동남아, 뉴질랜드, 호주 등 나라의 관광여행을 다녀 온 적이 있는데 이들 나라는 한결같이 한국 관광객을 상대로 한 보약 판매에 열을 올리고 있었고, 많은 한국인이 보약을 사는데 외화를 낭비하는 광경을 목격한 바 있다.

한국사람이 이렇게 보약을 찾게된 이유는 생활의 여유가 생긴 탓도 있지만 무엇보다 정력이 약해졌다는 증거이다. 나는 다른 각도에서 한국사람의 정력이 약하다는 증거를 제시하고자 한다.

그 증거는 정력팬티이다. 이 정력팬티에 대하여 "약(藥) 이야기, 성(性) 이야기"의 저자는 다음과 같이 소개하고 있다.

정력팬티라는 것이 있다. 이 정력팬티의 원리가 체온조절에 근거한다는 사실이 흥미롭다. 동물의 체온은 각기 다르고, 포유동물은 평균 36℃ ~ 39℃이다. 사람의 체온은 평균 36.7℃로 상하 1℃ 이상을 넘지 않는 것이 정상이다.

체온은 신체 부위에 따라 차이가 있다. 고환은 3℃ 내지 4℃ 낮다. 고환의 온도가 이처럼 낮은 이유는 정자를 보관하고 남성 호르몬을 만드는 냉장고의 역할을 하기 때문이다.

정력팬티는 성기 주위에 환기가 잘 되도록 고안한 것이다. 성기와 고환이 살갗에 서로 닿지 않도록 분리하여 온도를 저온으로 유지하도록 시도하였다.

이러한 정력팬티가 한국에서 제조되어 팔리고 있다는 것은 한국인이 정력에 대하여 관심이 많다는 증거인 동시 정력이 약하다는 증거인데 그 이유는 다음과 같은 피임 팬티 이야기와 대조해 볼 때 더욱 분명해진다.

1998년 3월 28일자 조선일보에는 피임팬티 이야기가 실려있었다.

"피임팬티 개발도 여러 곳에서 진행 중이다. 피임팬티는 정자가 생산되는 고환의 온도가 신체 다른 곳보다 2 ~ 3℃ 낮다는 점에 착안, 고환의 온도를 높여 정자생산을 차단하는 게 기본원리, 미국 하버 - UCLA 메디컬센터의 크리스찬 왕 박사가 불임학회지 '퍼틸리티 앤 스테릴리티'에 보고함으로써 개발이 시작됐다. 고환을 하루에 수 차례 뜨거운 물에 담그는 방법은 정자 생산을 줄이긴 하지만 불편해서 확산되지 않고 있다."

외국에서는 피임팬티에 관심을 두는데 한국에서는 정력팬티에 관심을 둔다는 사실만 보아도 한국 남자의 정력이 약하다는 증거라고 할 수 있다.

또 다른 증거로는 비아그라의 한국내의 판매실적이 비아그라의 텔레비전 광고가 허용되는 일본에 비해 인구비율로 3배가 많다는 사실이다.

한국사람의 정력이 약해진 이유는 피임팬티의 원리에서 설명한 바와 같이 고환을 따뜻한 방바닥 위에서 학대하였기 때문이다.

한국사람이 따뜻한 방바닥에서 생활하기 시작한 것은 40년의 역사 밖에 안된다. 1950년대 중반까지만 해도 대부분의 한국사람은 장작이나 나뭇잎을 때는 온돌방에서 생활하였는데 방은 불을 땐 후 잠깐동안만 따뜻하고 얼마 안 가서 식어버리기 때문에 잠자리에 들 때는 체온으로 이불 속을 따뜻하게 하여야하였고 새벽이 되면 방안의 물이 어는 것이 보통이었다.

따뜻한 방바닥에서 살지 못했던 40년 전의 한국 남자는 지금의 한국 남자처럼 정력을 위하여 야생동물을 잡으려고 극성을 부리지는 않았다. 당시만 해도 못 살아서 단백질의 섭취를 위하여 야생동물을 잡으려고 애썼을 것 같지만 그렇지 않았다.

각종 육류의 공급이 풍부해진 근래에 와서 정력에 좋다는 속설 때문에 야생동물이 수난을 겪고, 보약을 위하여 녹용을 세계에서 최대로 수입하는 한국이라는 사실은 한국 남성의 정력이 근래에 와서 약해졌다는 증거이며 그 원인은 방바닥을 따뜻하게 하고 살게된 때문이다.

남자의 고환은 체온보다 3℃ 내지 4℃ 낮은 온도 유지를 위하여 몸 밖에 매달려 있으며 더울 때는 아주 축 늘어지고 추울 때는 몸 속으로 바싹 붙어서 적정온도를 유지하는 민감한 기관이다. 그런데 사람의 체온 36.7℃ 보다 높아서 따뜻하게 느껴지는 방바닥 위에 앉아 있거나 잠을 잘 때 한국 남자의 고환은 적정온도 유지가 불가능해지며 정자와 호르몬의 생산이 중단될 수밖에 없게 된다.

그러니 아무리 정력에 좋다는 보약이나 야생동물의 고기도 효력이 없게되는 이치는 생산공장이 제대로 돌아가지 않을 때 아무리 좋은 원료도 소용이 없는 이치와 같다.

방바닥이 따뜻하다는 것은 피임팬티를 입고 지내는 것 이상으로 정력을 약화시키며, 방바닥이 차다는 것은 정력팬티를 입고 있는 것 이상의 정력강화 효과가 있다는 것을 알아야 한다.

자기의 정력이 어떤 상태에 있는지 궁금한 사람은 우리와 비슷한 체격과 생활습관을 가지는 일본인의 연령별 섹스 횟수의 학설과 비교해 보면 알 수가 있다.

▶ 1950년대에 알려진 학설은 "연대 제곱 설"이었다.

> 20대 2×2=4   4일에 1회
>
> 30대 3×3=9   9일에 1회
>
> 40대 4×4=16 16일에 1회
>
> 50대 5×5=25 25일에 1회
>
> 60대 6×6=36 36일에 1회

▶ 1970년대에 알려진 설은 "연대×9" 설인데, 10단위는 날짜 1단위는 횟수로 계산한다.

20대 2×9=18 10일에 8회
30대 3×9=27 20일에 7회
40대 4×9=36 30일에 6회
50대 5×9=45 40일에 5회
60대 6×9=54 50일에 4회
70대 7×9=63 60일에 3회

▶ 1990년대에 나온 설은 10단위를 날짜 대신 주일로 계산하는 것이다.

20대 2×9=18 1주일에 8회
30대 3×9=27 2주일에 7회
40대 4×9=36 3주일에 6회
50대 5×9=45 4주일에 5회
60대 6×9=54 5주일에 4회
70대 7×9=63 6주일에 3회
80대 8×9=72 7주일에 2회

성적 능력은 질병의 유무, 건강상태, 정신적 안정상태, 식사습관, 주거환경, 상대방에 대한 애정의 유무 등의 영향을 받지만 그 중에서도 영양상태와 주거습관이 큰 영향을 미친다고 볼 수 있다.

일본사람과 우리와의 주거생활상 큰 차이는 일본사람이 다다미 위에서 생활하며, 남자아이는 어려서부터 반바지를 입혀 남자의 하체를 차게 하도록 습관을 드린다는 점이다. 남자의 정력 유지에 유리한 생활을 하고 있는 것이다. 그런데 우리 나라의 많은 남성이 1년 중 6개월 이상을 따뜻한 방바닥 위에서 고환과 호흡기를 학대하는 생활을 하니 정력이 떨어질 뿐 아니라 평균수명도 일본사람보다 8년이나 짧아질 수밖에 없는 것이다.

비싼 보약이나 야생동물을 찾는 한국 사람은 나이가 어느 정도 들고 경제적 능력이 있는 층이다. 나이가 들면 성적 능력이 떨어지게 되어 있다. 그런데 50대에서 30대 때의 성적 능력을 생각하여 보약이나 정력에 좋다는 음식을 찾는다면 그것은 과욕이므로 연령별 섹스 횟수표를 보고 자기가 과욕을 부리는 것은 아닌지 판단을 하여야 할 것이다.

자기의 정력이 연령에 비하여 떨어진다면 보약이나 정력 음식을 찾기 전에 건강 진단으로 병이 있는지를 우선적으로 알아보아야 할 것이다. 병이 없을 때의 정력 증강의 방법은 방바닥을 따뜻하게 하지 않고 적절한 실내온도를 유지하는 것이다.

방바닥을 차게 하는 것이 남자의 정력 유지에 유리하다고 인정하더라도 여자에게는 생리적으로 불리하다고 생각하는 사람이 많을 것이다. 그러나 "약(藥) 이야기, 성(性) 이야기"라는 책에는 다음과 같은 글이 있다.

"높은 온도가 여성의 성 능력에 어떤 영향을 주는 지는 알 수 없지만, 임신 초기에 높은 온도에 오래 노출되면 기형아 출생의 확률이 보통 임산부에 비해 높다고 한다."

그러므로 따뜻한 방바닥이 남자에게는 안 좋지만 여자에게는 좋다고 할 수 없는 것이며, 성적인 측면에서의 영향과 호흡기에 대한 영향을 아울러 고려할 때 난방은 실내 온도 위주로 하여야 하며 방바닥이 찬 쪽이 유리하다고 할 수 있다.

난방의 적정온도

5

한국에너지관리공단에서는 겨울철의 실내온도는 18℃ ~ 20℃, 학생 공부방은 15℃ ~ 17℃, 침실은 12℃ ~ 14℃가 적절하다고 신문지상에 홍보한 적이 있다.

나는 그 신문 스크랩을 가지고 2000년 12월 15일 에너지관리공단을 찾아갔다.

방문 목적은 적정온도를 결정한 근거 자료, 즉 연구조사보고서라든가 참고서적 등이 있을 것 같아서 그 내용을 알기 위한 것이었는데 공단 홍보처의 유영선 대리가 친절하게 나의 질문에 응답해 주었다.

특별한 연구조사 사례나 참고서적은 없고, 의과대학의 교수라든가 대학 보건연구소의 자문을 받아 건강에 좋고, 활동하는데 능률

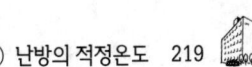

적인 온도를 찾아내고, 외국의 예를 참고로 적정온도를 발표한 것이라는 설명이었다. 유영선 대리는 나에게 참고자료를 복사해 주었는데 그 중 중요하다고 생각되는 것을 소개하면 다음과 같다.

1. 선진국에서도 겨울철 실내 적정온도를 설정 준수하고 있다. 그 이유는 지나친 겨울철 실내난방은 건강에 해롭기 때문이다.
  (1) 독일이나 일본의 경우 자녀들의 강인한 체력을 기르기 위하여 일부러 추운 환경을 조성하기도 한다.
  (2) 미국, 독일, 프랑스 등 잘 사는 나라에서도 겨울에는 스웨터를 껴입고 지낼 정도의 실내온도를 유지하는데 그것은 에너지절약을 위해서라기보다 겨울철 건강을 위하여서이다.
  (3) 각국의 겨울철 실내온도 기준은 다음과 같다.

미 국	18.3℃ 이하
영 국	19℃ 이하
프 랑 스	19℃ 이하
일 본	20℃ 이하

2. 1983년 12월 한국동력자원연구소의 "사무소 건물의 에너지 소비실태조사연구"에 의하면 쾌적반응 실내온도 범위는 동절기 17.8℃ ~ 22.1℃이고 하절기는 21.2℃ ~ 26.5℃이다.

3. 몸에서 열이 발산되는데 보통 조건에서는 체온과 실내온도 사이에 대충 15℃의 온도차면 좋다고 한다. 물론 옷을 어떤 형태로 입

있느냐에 따라 다소 달라진다고 본다. 체온이 37℃ 정도니까 20 - 22℃ 정도면 좋다고 보는 것이다.

그러나 실제 이 온도도 낮은 쪽으로 하고 옷을 약간 더 입는 쪽이 정신도 맑게되고 머리도 번쩍 번쩍 돌아갈 수 있게 된다고 한다. 유아시절에 따뜻한 방에서만 키운 아이와 차고 따뜻한 것의 자극을 경험한 아이를 비교할 때 찬 것과 따뜻한 것을 자극적으로 경험한 아이가 지능지수가 높다는 설도 있다. 따라서 학생 방의 실내온도는 17℃ 정도가 적합하다.

4. 적정한 온도가 사람의 일의 능력을 최대로 할 수가 있는 것이다. 방이 더울 때 답답함을 느끼게 되고 머리가 잘 돌아가지를 않게 된다.

5. 에너지관리공단의 권장온도는 다음과 같다.

실내온도	18℃ ~ 20℃
학생 공부방	15℃ ~ 17℃
침실	12℃ ~ 14℃

유럽이나 미국에서 생활하고 돌아온 사람들이 한결같이 지적하는 것이 그곳 사람들이 겨울철에는 방안에서 스웨터를 입고 지낼 정도의 실내온도를 유지한다는 사실이다.

KBS 텔레비전에서는 언제인가 겨울철 실내온도를 17℃에 맞추고 생활하고 있는 독일 가정주부의 인터뷰 내용을 방송한 적이 있다.

그리고 2000년 9월 14일 조선일보의 파리 특파원이 보낸 "기자수첩"기사에는 다음과 같은 내용이 실려 있었다.

"프랑스인 들은 1973년 오일 쇼크 이후 겨울철 실내온도를 18℃ 이상 올리지 않는 생활이 몸에 배어 있다."

자녀를 둔 부모는 누구나 자녀들이 공부를 열심히 하고 또 잘하기를 바란다. 그런데 공부를 열심히 하고 잘하게 하는 여건은 공부방을 15℃ ~ 17℃도로 만들어 주는 것이다. 그 온도에서 두뇌의 활동이 가장 명석해 진다는 과학적 근거 때문에 그러한 실내온도가 권장되는 것이다.

따뜻한 온돌방에 앉아서 책을 읽을 때, 책의 내용이 머리에 들어가기 전에 졸음부터 오는 것이 생리적 현상이다.

자녀들이 공부 잘하기를 바라는 부모는 방바닥을 따뜻하게 하여 졸음이 오도록 해놓을 것이 아니라 공부하기에 적절한 실내온도를 만들어 주어야 할 것이다.

침실온도는 12℃ ~ 14℃ 가 적정온도로 되어 있다. 그러한 실내온도에서 잠을 잘 때 숙면을 할 수 있다는 의학적 근거를 가지고 권장되는 온도인 것이다.

그리고 원만한 부부 생활을 위하여도 침실은 차야 한다. 방바닥이 따뜻하면 처음 잠자리에 들어갈 때는 이불 속이 따뜻하여 쾌적한 감을 느끼게 된다. 그러나 이불 속의 온도가 체온보다 높으면 고환의 정자 및 테스토스테론 호르몬 생산이 중단되기 때문에 남자의 정력이 약해 질 수밖에 없다. 그러므로 잠자리에 들어갈 때 선득하게 느껴지도록 이불 속이 차야만 남자의 정력 유지에 이롭고 원만한 성생활을 가능하게 한다.

이불 속이 차야만 남편이나 아내의 체온이 고맙게 느껴지고 신체적 접촉이 즐겁게 된다. 이불 속이 체온보다 높을 때 상대방의 체온은 쾌감보다 불쾌감을 일으키는 것이 생리적 현상이다.

부부의 애정은 서로의 피부가 맞닿을 때 포근함과 고마움을 느끼게 되는 것으로 확인될 수 있다. 그러기 위하여 이불 속의 온도가 차야하며 실내온도가 낮아야 한다.

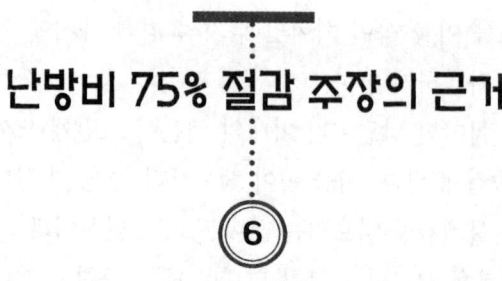

난방비 75% 절감 주장의 근거

난 방비 절감문제는 아파트단지 전체의 난방비 총액의 절감문제와 각 세대별 난방비의 절감문제의 두 가지로 구분하여 생각할 수 있다.

아파트단지 전체의 난방비 절감문제에 대하여는 제2장에서 다루었는데 중앙집중난방 아파트의 열량계 적용 방법에 대한 설명이 주 목적이었다.

제2장에서 설명한 방법으로 열량계를 적용하여 난방비를 부과할 때 아파트단지 전체의 난방비는 50% 이상 절감이 가능하다는 증거는 1998년 12월의 "단지별 아파트 난방비 비교분석표"로 확인할 수가 있다.

세대별 난방비의 절감은 지역난방이나 중앙난방 또는 개별난방

방식에 관계없이 추가적으로 25%나 30%의 절감이 가능하다고 나는 생각한다. 그 방법은 방바닥의 온기 위주 난방이 아니라 실내온도 위주의 난방을 할 때 가능해 지는 것이다. 나의 주장의 이론적 근거는 다음과 같다.

방바닥의 온기 위주로 난방을 할 때 실내온도는 대개 25도를 넘게된다. 겨울철 실내온도 25도가 왜 건강에 해로운지는 이미 설명한 바와 같다. 그러므로 건강에 이롭고 생활에 쾌적한 21도 이하에 온도조절기를 맞추어 놓고 겨울철을 지내는 것이 올바른 난방방법이다.

우리 나라의 모든 건물에서 10월과 3월 사이의 실내온도를 1도만 낮추더라도 난방연료를 7%가량 절약할 수 있다는 것이 에너지관리공단의 추산이다.

따라서 아파트에서 실내온도 21도 위주의 난방을 하면 방바닥 온기 위주의 난방 때보다 실내온도가 4도가 낮아지며 에너지 절약은 28%가 된다는 계산이 되며, 난방비는 25% 내지 30%가 절감이 되는 것이다.

중앙집중난방 아파트에 설치한 열량계의 대부분이 사용 안되고 있으며 그 수가 50만이 넘는다는 것이다. 그러나 이러한 아파트에서 열량계를 사용하면 난방비는 50% 이상 절감되는 것이 확실하며, 입주자들이 건강을 고려한 합리적 난방방법을 택하도록 계몽하고 홍보할 때 추가적으로 25% 이상의 난방비 절감으로 75%이상의 난방비 절감이 가능한 것이다.

열량계 설치가 안되어 있는 지역난방 아파트나 중앙집중난방 아파트에서도 난방비를 50% 이상 감소하게 할 수 있는 방법이 있다.
그 방법은 다음과 같다.

첫째, 해당 아파트의 입주자 대표회의의 동대표들이 이 책을 읽도록 하는 것이다. 그리하여 난방방법이 가족의 건강과 남자의 성적 능력에 커다란 영향을 미친다는 사실을 인식하도록 하는 것이다.

방바닥 온기 위주의 난방이 호흡기 계통의 병을 일으키는 원인이 될 뿐 아니라 남자의 정력에 나쁜 영향을 미친다는 사실을 우선 반장들에게 계몽하고 실내온도 위주의 난방을 할 것을 설득한다. 반장들은 그러한 사실을 반상회를 통하여 입주자에게 계몽한다.

난방방법을 가족의 건강을 고려하는 실내온도 21도 위주의 방법으로 바꿀 때 경제적 이득이 50% 이상이라는 사실을 알려준다.

둘째, 실내온도 21도 위주의 난방을 위하여 각 세대는 온도계를 반드시 구비하게 하여 온도조절기 부착 높이인 1m 15cm 높이에 부착하게 한다. 온도계는 문방구점에서 살 수 있으며 3,000원이면 살 수 있다.

셋째, 실내온도의 조절은 창문을 이용하지 말고 난방온수 콕을 적절히 잠그는 방식으로 하여야 할 필요성을 인식시킨다. 그것이 난방비 절감의 필수 조건이기 때문이다. 그러기 위하여 입주자에게 난방온수 콕의 위치와 잠그는 요령을 알려주어야 한다.

입주자가 필요한 만큼만 난방을 하도록 콕을 조절할 때 전체 열 사용량 감소로 평당 난방비가 대폭 감소되는 연관성을 주민에게 이해시켜 협조를 구할 필요가 있다.

지역난방의 경우 세대별 열량계는 없으나 단지 전체의 난방열 계량기가 있으므로 세대별 난방열 절감은 전체 계량기에 그대로 반영이 되게 된다.

그러나 중앙난방의 경우는 세대별 난방열 사용 절감이 자동적으로 보일러 운영 시간 단축에 반영이 안되므로 보일러실에서 근무자가 난방온수 회귀 온도의 기준에 따른 보일러 가동에 성의를 다하는 노력이 필요하다.

◀‖ 끝을 맺으며 ‖▶

예비역 공군소장과 열량계가 무슨 상관이 있다고 이러한 책을 썼을까하는 의문을 가지는 독자가 있을 것이므로 그에 대한 해답을 하고자 한다.

나는 30년간 공군에서 복무한 직업군인 출신이다. 공군에서 무스탕 전투기의 훈련을 마친 것이 6. 25전쟁의 정전 3개월 후가 되어서 전투에는 참가를 못하였다. 그 후 미국에서 쌍발 엔진 폭격기의 비행훈련을 받고 한국에 돌아와서는 수송기를 타게되었다.

월남전 때는 C-54 수송기로 한국과 월남간의 인원, 물자, 환자 공수임무를 담당한 은마부대에서 작전부장, 비행단 부단장, 비행단장의 보직을 역임하면서 월남까지는 수십회의 비행임무를 수행하였다.

당시의 C-54 수송기(민간 여객기로서의 호칭은 DC-4 skymaster)는 미국에서 세계 제2차대전 이전부터 생산하기 시작한 4발 엔진의 프로

펠러 항공기로서 월남까지의 비행고도는 3,000m 정도였다.

지금의 여객기는 10,000m정도의 상공을 비행하므로 항상 구름 위로 비행하지만, 3,000m의 고도에서는 구름 밑에서 비를 맞든가 구름 속으로 비행하는 경우가 대부분이었다. 장마철에는 김포기지에서 이륙한 항공기가 필리핀의 크라크 기지에 착륙할 때까지 8시간 이상을 내내 구름 속을 비행해야 하는 경우가 많았다.

구름 속에서 조종사가 볼 수 있는 것은 계기판 뿐이다. 비행고도, 비행속도, 비행방향, 비행자세 외에 4개 엔진의 운전상태를 나타내는 각종 계기를 쉴 새 없이 관찰 점검하여야 하는데 이것을 "크로스 체크"라 한다.

어떤 계기가 비정상적으로 작동할 때는 그와 연관된 다른 계기를 점검하여 비정상으로 지시하는 계기가 계기자체의 고장인지 아닌지를 신속하게 판단하고 필요한 조치를 취하여야 한다.

이 크로스 체크의 원칙과 습관이 조종사에게 얼마나 중요한지를 말해주는 실화를 소개하고자 한다.

수 십년 전 일인데 전투기의 엔진에 화재가 생겼다는 빨간 경고등이 들어온 것을 본 조종사가 놀라서 비상탈출을 하여 낙하산으로 지상에 내려왔다. 그런데 비행기는 5분이나 더 비행하다가 지상에 추락하여 폭발하였던 것이다. 이때는 실제 화재가 난 것이 아니고 경고등 자체에 고장이 있었든 것이며, 조종사가 침착하게 크로스 체크의 원칙을 적용하여 다른 계기를 보아 화재의 발생 여부를 확인하였더라면 낙하산 탈출 대신 가까운 비행장에 착륙할 수 있었을 것이다.

또 한가지 예는 1997년 8월에 괌 비행장에 착륙하려다가 추락한 KAL 747 항공기 사건을 들 수 있다. 그 때 괌 비행장에서 운영하던 계기착륙장치는 고장이었는데, 조종사는 비행기 내의 계기착륙장치의 계기가 작동을 하니까 정상운영 중으로 착각을 하여 그 계기만 믿고 비행을 하다가 비행장 못미쳐 지상에 충돌한 것이었다.

만약 조종사가 비행장에서의 거리와 비행고도를 크로스 체크하였다면 비행기가 정상 활공 진로보다 밑에 있다는 것을 알고 고도수정을 하여 추락사고를 면할 수 있었을 것이다.

계기는 고장이 날 수도 있고, 고장이 아니더라도 잘못된 정보를 나타낼 수 있다. 그 계기가 고장인지, 정상인지, 잘못된 정보를 나타내고 있는지는 다른 계기의 정보와의 크로스 체크로 확인하여야 하는 것이다.

조종사가 잘못된 계기를 정상으로 믿을 때 엄청난 사고로 연결되는 실례를 들었는데, 반대로 정상적인 계기를 안 믿고 자기자신을 믿을 때에는 생명을 잃게되는 실례를 들고자 한다.

1999년 7월에 미국의 케네디 대통령 아들 케네디 2세가 자가용 경비행기로 야간에 비행하다가 추락한 사고가 있었다. 이 때 케네디 2세의 조종경력은 1년 정도 밖에 안되어 계기비행의 훈련이 안된 상태였는데 저녁 늦게 이륙하여 야간비행을 하게되었던 것이다.

날씨가 좋으면 야간에도 하늘과 땅의 구분이 되므로 시계비행이 가능한데, 케네디 2세가 비행한 항로가 해상인데다가 안개가 끼기 시작하여 시계비행이 불가능하게 된 것이었다.

이러한 때는 계기에 나타나는 비행자세대로 조종하면 되는데 훈련이 안된 조종사는 자기자신의 감각을 믿고 계기를 안 믿게된다. 비행기의 방향을 바꾸기 위하여 비행기를 경사지게 한 후 비행기를 수평자세로 되돌아오게 할 때에 계기에서는 분명히 비행기가 수평인데도 조종사가 느끼기에는 한 쪽으로 기우려 있는 감각을 느끼게 된다.

자기 감각대로 비행기를 수평으로 하려고 하면 비행기는 비정상자세가 되어 추락하게 되는 것이다.

조종사는 캄캄한 밤이나 구름 속에서 계기비행을 할 때 이러한 감각의 착각을 느끼게 되는 때가 있는데 그때는 자기를 믿으면 안 되고 계기를 믿어야 한다.

나는 20년 가까운 조종생활에서 계기비행 경험이 많은 수송기조종사 출신이다.

계기를 어떤 때 믿어야 하고 어떤 때 안 믿어야 하는지 신속하게 크로스 체크하는데 습관이 되어 있는 사람이다.

열량계도 계기이다. 크로스 체크의 습관에 의거하여 나는 열량계의 정확성과 신뢰성을 확인하여 보았으나 그것이 열량계 사용을 기피하는 정당한 이유가 될 수 없다는 것을 알게 되었다.

그러므로 열량계 사용 기피의 진실을 밝히고 에너지 절약 노력의 체험을 알리기 위하여 책을 써야 하겠다고 생각하게 되었다.

열량계 사용을 위한 4년간의 설득과 싸움에서 내가 철저하게 패

배한 사실을 나는 인정한다. 그러나 첫 번째 전투에서 졌을 뿐 전쟁에서 진것은 아니다.

나는 열량계 사용을 홀로 설득하는 켐패인에서 졌고 그것을 인정하였을 뿐, 싸움의 의지를 포기하지 않았으며 나의 홀로 싸움(1인 전쟁)은 끝이 안 났다.

이 책의 발간으로 열량계 사용에 관한 올바른 지식이 보급될 때, 나의 싸움의 목적을 이해하고 나의 싸움에 동참하는 우군이 앞으로 적극적으로 나를 지원해 줄 것으로 나는 확신한다.

아파트 난방비
75% 절감방법

2001년 5월 10일 제1판 1쇄 인쇄
2001년 5월 15일 제1판 1쇄 발행

지은이/고영근
펴낸이/강선희
펴낸곳/가림출판사

기획위원/강경무 · 김충호 · 석종복 · 이창석 · 지창영
기획 · 편집/장연수 · 이선희 · 김진호 · 홍경숙 · 손일호 · 이정아
홍보/한국종
마케팅/강명희 · 김창호

등록/1992. 10. 6. 제4-191호
주소/서울시 광진구 구의동 57-71 부원빌딩 4층
대표전화/458-6451   팩스/458-6450
인터넷 http://www.galim.co.kr
e-mail   galim@galim.co.kr
천리안 ID galimmb

값 8,000원

ISBN 89-7895-091-4 13320